中储粮
勤廉风采录

★ 本书编写组　编写 ★

中国方正出版社

前言
PREFACE

　　反对腐败、建设廉洁政治，是我们党一贯坚持的鲜明政治立场，是党自我革命必须长期抓好的重大政治任务。党的十八大以来，以习近平同志为核心的党中央高度重视廉洁文化建设。习近平总书记在党的二十大报告中指出，加强新时代廉洁文化建设，教育引导广大党员、干部增强不想腐的自觉，清清白白做人、干干净净做事。加强新时代廉洁文化建设，对于一体推进不敢腐、不能腐、不想腐，推进全面从严治党向纵深发展，实现政治清明、政府清廉、干部清正、社会清朗具有重要意义。

　　党的十八大特别是党的十九大以来，中国储备粮管理集团有限公司党组和纪检监察组认真贯彻落实习近平总书记关于推进全面从严治党、党的建设、党的自我革命等重要指示批示精神，坚定不移推进全面从严治党、全面从严治企，坚持纠树并举、激浊扬清，持续推进新时代廉洁文化建设，大力弘扬"宁流千滴汗、不坏一粒粮"的中储粮精神，夯实廉洁粮仓建设根基，总结并推介了系统内18位勤廉兼优的先进典型，他们的有关事迹材料被人民网、学习强国、央视网、澎湃新闻等媒体广泛传播。

　　中储粮人"为国储粮、储粮报国"的初心，在这18位勤廉兼优的先进人物身上得到了充分体现。他们中有的坚持原则、敢抓敢管，生动诠释了对党和人民的事业的无限忠诚，为实现中储粮"两个确保"的目标恪尽职守、忠诚奉献；有的脚踏实地、务实求进，聚力创新、精细管理，带领干部员工白手起家、艰苦创业，创造了企业发展史上的一个个奇迹；有的在粮食仓储保管一线认真履职、担当作为，勤勤恳恳、兢兢业业做光荣的守粮人，书写着对粮食储备工作的无比热爱，用实际行动践行初心使命，在平凡岗位上干出了不平凡的业绩。

在深入开展学习贯彻习近平新时代中国特色社会主义思想主题教育和全国纪检监察干部队伍教育整顿之际，中储粮集团公司党组和纪检监察组汇编了《中储粮勤廉风采录》一书，生动记录了党的十九大以来中储粮集团公司系统涌现出来的先进人物奋斗励志的故事。这些勤廉兼优的先进典型心怀崇高理想、充满奋斗激情，扎根储粮一线、默默无私奉献，是中储粮集团公司系统广大党员、干部员工学习的榜样。希望全系统广大党员、干部员工坚持以习近平新时代中国特色社会主义思想为指导，更加深刻领悟"两个确立"的决定性意义，更加自觉增强"四个意识"、坚定"四个自信"、做到"两个维护"，以这18位勤廉兼优的先进典型为榜样，不忘初心、牢记使命，强化守住管好"大国粮仓"的政治责任担当，把使命扛在肩上，将奋斗付诸行动，为打造高质量服务保障粮食安全战略支撑力量和世界一流农产品储备集团，为全面建设社会主义现代化国家、全面推进中华民族伟大复兴贡献力量。

由于水平有限，书中可能存在一些不足之处，敬请批评指正。

本书编写组

2023 年 11 月

目 录
CONTENTS

坚定不移全面从严治党
为实现中储粮新时代新征程的使命任务
提供坚强政治保障[*]

（2023 年 1 月 13 日）

一、坚决履行管党治党政治责任，确保全面从严治党政治责任落实落地

中储粮集团公司系统各级党组织要深入学习领会习近平总书记重要讲话和重要指示批示精神，全面贯彻落实党的二十大精神及二十届中央纪委二次全会工作部署，把思想和行动统一到党中央关于全面从严治党的决策部署上来，压紧压实全面从严治党主体责任，切实把落实管党治党政治责任作为最根本的政治担当，确保党的建设推进到哪里，全面从严治党体系就构建到哪里，做到内容上全涵盖、对象上全覆盖、责任上全链条、制度上全贯通，坚持全面从严治党工作与业务工作同谋划、同部署、同推进、同考核。更好发挥全面从严治党政治引领和政治保障作用，始终坚持问题导向，

---

*　此文为中储粮集团公司党组书记、董事长邓亦武同志在中储粮集团公司2023 年工作会议暨党风廉政建设和反腐败工作会议上的报告（节选）。

保持战略定力，发扬彻底自我革命精神，永远吹冲锋号，营造风清气正的企业政治生态。各级纪检监察机构要围绕贯彻落实党中央关于全面从严治党、党风廉政建设和反腐败斗争新部署，聚焦服务保障国家粮食安全这一"国之大者"，进一步强化政治监督，做到具体化、精准化、常态化，确保习近平总书记重要指示批示精神和党中央重大决策部署及集团公司党组工作要求在全系统落地见效。层层压实全面从严治党政治责任，严格落实第一责任人责任和"一岗双责"，层层传导责任压力，对管党治党责任不落实、选人用人失察、"四风"和腐败问题突出、巡视整改不力等问题，坚持严字当头、权责统一，以精准有力的问责强化责任落实，切实保障集团公司改革发展稳定各项重点工作任务有序推进。

二、持续深化粮食购销领域腐败问题专项整治，切实服务保障国家粮食安全

经过一年多努力，专项整治取得重要阶段性成果，但系统施治、实现根治仍然任重道远。我们要全面贯彻落实党的二十大精神和习近平总书记重要指示批示精神，按照二十届中央纪委二次全会的工作部署，提高政治站位，强化责任担当，保持打"持久战"和"歼灭战"的政治定力，确保节奏不变、力度不减、标准不降，推进专项整治工作取得新的更大成效。持续加大腐败问题惩治力度，对涉粮问题线索开展清底式"回头看"，应查尽查、一查到底，特别要紧盯涉粮乱象背后的腐败问题，从严从重惩处，持续释放"严"的信号。将专项整治作为政治监督重点任务，加大监督执纪问责力度，强化与地方纪检监察机构等监督力量的联动协作，形成合力。加强问题整改和成果运用，对于大起底发现的各类问题，还没有整改到位的，要建立问题清单、责任清单、措施清单、进度清单，做到真认账、真反思、真整改、真负责。注重发挥纪检监察机构和巡视巡察、监督检查与审计、人力资源等部门在整改中的职能作用，持续推进全面整改，将审计署经济责任审计反馈问题纳入全面整改内容，扎实推动问题全面、系统、集成整改。注重从典型案例中发现重点领域、关键环节存在的普遍性问题，实现办案、整改、治理贯通融合，形成根治腐败的持久性成效。

三、锲而不舍落实中央八项规定及其实施细则精神，坚持以严的基调强化正风肃纪

保持作风建设永远在路上的清醒和坚定，深刻认识"四风"不除、正气不彰的政治风险，深刻认识"四风"反弹回潮、卷土重来的现实风险，深刻认识盲目乐观、懈怠松劲的疲态风险，持之以恒把作风建设抓紧抓实抓到底。深入治理享乐主义、奢靡之风，坚守重要节点，紧盯薄弱环节，坚持露头就打、深挖细查，坚决防范和查处"四风"隐形变异问题；继续厉行"禁烟""禁酒"令，重点整治少数基层企业以商务接待为名、肆意挥霍公款的突出问题。着力整治群众身边作风和腐败问题，持续推进"靠企吃企"专项治理。深刻把握由"风"变"腐"、"风""腐"一体内在关联性，坚持风腐同查。突出整治形式主义、官僚主义，继续从集团公司总部和领导干部抓起、改起，深化治理贯彻党中央决策部署以及集团公司党组工作要求只表态不落实以及不担当、不作为、慢作为、乱作为等问题，坚决纠正检查考核过多过滥、工作过度留痕等困扰基层的问

题。各级党组织主要负责同志要履行好抓作风建设第一责任人责任，大力弘扬党的光荣传统和优良作风，严于律己、严负其责、严管所辖，坚定不移严规矩、正风气、净生态。

四、一体推进不敢腐、不能腐、不想腐，坚决打赢反腐败斗争攻坚战持久战

当前，集团公司系统腐败问题存量尚未见底、增量仍在发生，反腐败斗争形势依然严峻复杂、任务依然艰巨繁重。要保持反对和惩治腐败的强大力量常在，保持零容忍的警醒、零容忍的力度，在更加精准、及时防范腐败增量问题的同时，更加主动、彻底地发现和查处腐败存量问题。要把纪律建设摆在更加突出位置，狠抓纪律执行，坚持执纪必严、违纪必究，对违犯党纪问题发现一起坚决查处一起，既让铁纪"长牙"、发威，又让干部重视、警醒、知止。要牢牢把握反腐败斗争的重点和方向，坚决查处政治问题和经济问题交织的腐败，紧盯在国家粮棉油储备购销轮换中搞权力寻租、利益输送、侵害国家和群众利益的腐败问题，紧盯"靠粮吃粮""靠企吃企""影子股东""虚假交易"和工程项目建设中干预招投标等违规违纪问题，对胆大妄为、贪得无厌的国有粮仓"硕鼠"从严从重惩处。坚持标本兼治、综合施治，在不敢腐上持续加压、在不能腐上深化拓展、在不想腐上巩固提升，把"三不腐"有效贯通起来，同时、同向、综合发力。认真落实"三个区分开来"要求，抓住"为公"和"谋私"的根本区别，推动形成领导班子敢担当、干部敢作为、员工敢首创的良好氛围。

五、坚守政治巡视定位，充分发挥巡视巡察党内监督利剑作用

始终坚守政治监督定位，把全面贯彻落实党的二十大精神作为重中之重，精准有力深化集团公司内部巡视巡察工作。2023年集团公司党组对6家分（子）公司党委开展常规巡视，5年内实现对二级单位党组织巡视全覆盖。完善巡视巡察上下联动格局，坚持巡视巡察"一盘棋"，各分（子）公司党委要合理安排好巡察工作，实现5年内全覆盖的目标。完善巡视巡察上下联动工作格局，发挥系统作用和组织优势，提升巡视巡察整体工作水平，推动巡视巡察贯通协作、同向发力。压实巡视巡察整改主体责任和监督责任，统筹推进中央巡视、内外审计、内部巡视巡察、专项整治和各类检查，发现问题一体整改，在推动真改实改全面整改上取得明显成效。

六、完善企业自我监督体系，进一步健全"大监督"工作格局

全面贯彻落实党中央和中央纪委国家监委的改革要求，持续深化纪检监察体制改革，及时完善改革举措，更加注重创新突破、协调联动，深入推进纪检监察工作双重领导体制具体化、程序化、制度化，推动全系统纪检监察工作提质增效。各级党组织要全力支持和保障纪检监察机构开展工作。贯彻落实集团公司党组《关于构建集团公司"大监督"工作格局的意见》要求，强化各级纪检监察机构协助职责、监督专责，督促各职能部门落实监管职责，增强管党治党合力，推动健全党统一领导、全面覆盖、权威高效的自我监督体系。加强对全系统各级党组织"一把手"和领导班子履职用权、

落实管党治党责任等情况的监督检查，以"关键少数"引领"绝大多数"，破解监督难题，做到监督常在、形成常态。纪检监察干部要牢记"打铁必须自身硬"，带头践行"三个务必"，不断坚定理想信念、提高政治能力、加强自我约束，自觉接受监督，坚决防止"灯下黑"。

全面贯彻落实党的二十大精神
坚定不移全面从严治党　全面从严治企[*]

（2023 年 1 月 13 日）

同志们：

　　这次集团公司党风廉政建设和反腐败工作会议的主要任务是：以习近平新时代中国特色社会主义思想为指导，全面贯彻落实党的二十大精神，认真贯彻落实习近平总书记在二十届中央纪委二次全会上的重要讲话精神和李希同志代表中央纪委常委会所作的工作报告，回顾过去 5 年集团公司系统党风廉政建设和反腐败工作，确定今后一个时期这方面工作总体要求，部署 2023 年工作任务。刚才，亦武同志在工作报告中充分肯定了过去一年集团公司系统党风廉政建设和反腐败工作取得的成效，对认真学习贯彻习近平总书记重要讲话和二十届中央纪委二次全会精神，在新时代新起点上纵深推进全面从严治党、全面从严治企提出了明确要求。京涛同志还将作总结讲话。我们要认真学习领会，坚决贯彻落实。

---

*　此文为中储粮集团公司纪检监察组组长、党组成员欧召大同志在中储粮集团公司 2023 年工作会议暨党风廉政建设和反腐败工作会议上的报告（节选）。

一、党的十九大以来工作回顾

党的十九大以来，在以习近平同志为核心的党中央坚强领导下，集团公司党组认真贯彻落实党中央关于全面从严治党各项决策部署，坚决扛起管党治党政治责任，坚定不移推进党风廉政建设和反腐败斗争，在服务保障国家粮食安全和经济社会发展中作出了新的贡献。集团公司系统各级纪检监察和巡视巡察机构坚决贯彻落实中央纪委国家监委和集团公司党组工作部署，努力践行"守粮仓、捉老鼠、保平安"的庄严承诺，坚定不移推进全面从严治党、全面从严治企，一体推进不敢腐、不能腐、不想腐，有效发挥监督保障执行、促进完善发展作用，各项工作取得了新的进展和成效。

（一）忠实践行"两个维护"，推动政治监督具体化、精准化、常态化

坚决贯彻落实习近平总书记重要指示批示精神。集团公司纪检监察组坚持把保障习近平总书记重要指示批示精神的贯彻落实作为强化政治监督的首要任务，协助并督促集团公司党组严肃查处"南阳""襄阳""咸阳"三起涉粮事件，组织开展以案为鉴以案促改建立长效机制工作，配合中央纪委国家监委开展全国国有粮库调查摸排，持续深化粮食购销领域腐败问题专项整治，确保习近平总书记重要指示批示精神在中储粮集团公司系统一贯到底。特别是2021年9月以来，协助并督促集团公司党组持续深化粮食购销领域腐败问题专项整治，累计发现问题3350个，已完成整改3296个；梳理违规违纪违法问题线索2297件，运用"四种形态"批评教育帮助和处理5427人次；对2242人立案审查，给予党纪政务处分1045

人次；65 人被有关地方监委采取了留置措施，12 人主动交代了个人的问题；追回经济损失 1.37 亿元；健全完善机制制度 4072 项。

有力保障党中央重大决策部署落地见效。认真履行中央巡视整改监督责任。根据十九届中央巡视反馈意见细化的 52 个问题已基本完成整改，移交的 288 条问题线索已办结 277 条。加强对国家粮棉油收储和轮换购销政策落实、"三新一高"特别是新建粮仓项目建设和"技防技控"项目建设、脱贫攻坚、常态化疫情防控、安全生产、防汛救灾等重点工作的监督检查，及时发现问题并督促解决。加强对选人用人和换届纪律执行情况的监督。党的十九大以来，集团公司纪检监察组共回复党风廉政意见或信访举报情况说明 1587 人次，从源头上把好干部任用的政治关、廉洁关。

（二）做深做实专责监督，监督治理效能稳步提升

建立健全"两个责任"贯通协同机制。协助并督促集团公司党组制定了《落实全面从严治党主体责任、加强党的建设的实施意见》，推动"两个责任"层层贯通、一体落实。发挥考核"指挥棒"作用。在全系统开展各级党组织落实管党治党"两个责任"考核、纪委书记履职专项考核。从 2022 年起，将党风廉政建设情况纳入全员业绩考核，对纪检监察和巡视巡察干部全部实行单独考核。精准规范实施问责。党的十九大以来共对落实"两个责任"不力问题开展问责 394 起，给予党纪政务处分 606 人次、组织处理 523 人次。其中，2022 年问责 118 起，给予党纪政务处分 90 人次、组织处理 150 人次。

把纪律建设摆在更加突出位置。针对发现的问题，纪检监察组向集团公司党组提出了"规范干部选拔任用""落实党员领导干部

异地交流和任职回避制度""加强对年轻干部的教育管理监督""加强理财资金日常监管""加大追赃挽损工作力度"等纪律检查建议，督促及时补上制度短板和监管漏洞。加强对问题线索的集中管理、动态更新和集体研判。党的十九大以来，集团公司纪检监察组共收到信访举报 1393 件，梳理问题线索 778 条，对涉及 66 名集团公司党组管理干部的 108 条问题线索认真进行了核实并及时予以了结；对集团公司党组管理干部进行廉洁谈话 131 人次，个别谈话、函询 127 人次。其中，2022 年共收到信访举报 418 件，梳理问题线索 108 条，对涉及 19 名集团公司党组管理干部的 23 条问题线索认真核实并予以了结；对集团公司党组管理干部进行廉洁谈话 47 人次，个别谈话、函询 22 人次。

认真落实"三个区分开来"要求。党的十九大以来，全系统各级党组织运用"四种形态"一共批评教育帮助和处理 21926 人次，第一、二种形态占比达 97.4%。其中，2022 年运用"四种形态"批评教育帮助和处理 4989 人次。坚持严管厚爱结合、激励约束并重。5 年来，一共有 30 名受组织处理或纪律轻处分但影响期结束且表现突出的集团公司党组管理干部得到重新使用或提拔重用，其中 2022 年有 12 名。

（三）坚持系统施治、标本兼治，强化"三不腐"一体推进

持续释放不敢腐的强大威慑。始终坚持严的基调，持续保持惩治涉粮腐败高压态势。采取"室组地"联合办案模式，先后查处了董春平、侯振武、王立强、张东升、唐丞有、孙立国、张重咏、胡群、索学君、任金祥、谷玉有 11 名集团公司党组管理干部搞"靠粮吃粮""靠棉吃棉"的重大典型案件。5 年来，全系统一共有 81

人被有关地方监委采取了留置措施，其中 2022 年有 39 人。据统计，上述 81 人违纪违法问题，65.5% 发生在党的十八大以前（53人），27.1% 发生在党的十八大期间（22 人），7.4% 发生在党的十九大期间（6 人）。这说明，集团公司系统党风廉政建设和反腐败斗争形势在持续好转，违纪违法问题在大幅度下降。

持续强化不能腐的制度约束。坚持把执纪办案与堵塞制度漏洞、强化监督管理有机结合，协助并督促集团公司党组深入查找制度短板和管理漏洞，细化完善全面风险管理办法、违规经营投资责任追究办法、中央储备粮轮换管理暂行办法等有关规章制度。加强对制度执行情况的监督，坚决防止"破窗效应"。

持续提升不想腐的思想觉悟。坚持以案为鉴、以案促改。党的十九大以来，协助和配合集团公司党组一共召开了 14 次党风廉政建设和反腐败斗争警示教育大会，其中 2022 年召开 3 次。坚持纠树并举、激浊扬清，面向全系统开设"廉洁讲堂"，总结并推介了全国劳动模范吴跃放、全国脱贫攻坚先进个人艾拜都拉·乃吉米丁和系统内评选表彰的邓浩田、傅延福等 18 位勤廉兼优的先进典型。大力弘扬"宁流千滴汗、不坏一粒粮"精神，讲好中储粮改革发展和正风肃纪反腐故事，在《人民日报》《中国纪检监察报》等主流媒体刊发理论文章、新闻报道 10 多篇，传播了中储粮"好声音"和正能量。

（四）持之以恒落实中央八项规定及其实施细则精神，突出整治群众身边腐败问题和不正之风

严肃整治享乐主义、奢靡之风。在全系统厉行"禁烟""禁酒"令，狠刹公款吃喝风。2019 年、2020 年、2021 年，全系统因违

反中央八项规定及其实施细则精神问题受处分人数分别为 24 人、21 人、8 人，同比分别下降了 76.9%、12.5%、61.9%。2022 年共查处违反中央八项规定及其实施细则精神问题 12 起，给予 42 名党员干部党纪政务处分，处分人数同比增长 425%。这再次警示我们："四风"问题容易反弹回潮，作风建设永远在路上。

重点纠治形式主义、官僚主义。协助并督促集团公司党组扎实开展"深化作风建设年""总部去机关化"等专项行动，坚决纠治影响党中央重大决策部署和习近平总书记重要指示批示精神贯彻落实，解决干部员工急难愁盼问题不力，加重基层企业负担等问题。

坚持"当下改"与"长久立"相结合。协助并督促集团公司党组研究制定了一系列贯彻落实中央八项规定精神、进一步加强作风建设的实施意见和制度规定，对反复出现、普遍发生的问题深入分析，向有关单位党组织下发纪律检查建议并督促抓好整改落实，推动作风建设常态化、制度化。

（五）坚守政治监督职能定位，巡视巡察利剑作用得到彰显

不断完善巡视巡察上下联动工作格局。党的十九大以来，集团公司党组先后开展了 5 轮常规巡视，高质量地完成了党组巡视全覆盖任务，共发现问题 3013 个。强化巡视巡察上下一体联动，全系统 29 家分（子）公司党委对 446 家直属企业党组织开展了常规巡察，对 230 家直属企业党组织开展了专项巡察。

督促做好巡视巡察整改"后半篇文章"。党的十九大以来，集团公司党组共开展 4 轮巡视整改"回头看"检查，29 家分（子）公司党委对 442 家直属企业党组织开展了巡察整改"回头看"。截至

2022 年底，党的十九大以来集团公司系统巡视整改完成率 98.5%，挽回经济损失 2.25 亿元，收回违规发放的各种津补贴 2142 万元，完善机制制度 1393 项。

（六）持续深化纪检监察体制改革，企业自我监督体系不断健全

深化纪检监察体制改革。党的十九大以来，在中央纪委国家监委坚强领导和具体指导下，集团公司纪检监察组协助并督促党组先后在全系统开展了两轮改革。第一轮改革是在 2017 年 11 月，将内部审计职能从纪检监察机构剥离，单设纪检监察部，人员编制由原来的 9 名增加到 18 名。第二轮改革是 2019 年以来，在集团公司层面，将党组纪检组改为集团公司纪检监察组，人员编制由 18 名增至 20 名；在分（子）公司统一设立了纪委，配备专职纪委书记，单独设置纪检监察处（党委巡察办）；在各基层企业一共建立了 602 个监督小组，选配 2998 名党员干部担任专兼职监督员，指导督促他们认真履职，打通了全面从严治党、全面从严治企"最后一公里"。

不断健全企业自我监督体系。协助并督促集团公司党组制定了《关于构建集团公司"大监督"工作格局的意见》，有效整合各类监督资源和力量，把监督融入岗位、业务、管理、制度之中，推动形成资源整合、信息共享、协同发力、整体推进的"大监督"工作格局。

完善改革配套制度。协助并督促集团公司党组研究制定了《关于进一步深化纪检监察体制改革的实施方案》《关于加强政治监督的指导意见》《关于做深做实做细日常监督的实施办法》等配套制度，进一步增强监督工作的整体性、协同性、有效性。

（七）从严从实加强纪检监察和巡视巡察干部队伍建设，打造忠诚干净担当的铁军队伍

拓宽选人用人渠道。通过内部选调、公开招聘等方式，注重选拔任用政治素质好、业务能力强的优秀干部充实到纪检监察岗位。党的十九大以来，一共有32名纪检监察和巡视巡察干部被提拔担任集团公司二级单位副职级以上领导职务，其中2022年有8名。

深化全员培训和实战练兵。党的十九大以来，依托中国纪检监察学院北戴河校区等培训机构，分3批次组织400余名工作骨干开展专题培训。坚持每季度开展一次学习交流，提高政治素质和业务能力。先后抽调220名纪检监察工作骨干和其他业务工作骨干与有关地方监委联合开展审查调查工作。2022年，全系统各级党组织共选派242名优秀年轻干部到纪检监察和巡视巡察岗位锻炼培养。

从严从实加强自我监督。发扬自我革命精神，坚持打铁必须自身硬，把自觉接受最严格的约束和监督贯穿队伍建设始终，发现问题及时处理，坚决防止"灯下黑"。党的十九大以来，全系统因违规违纪违法受到党纪政务处分的党员、干部、员工中，曾经从事或受处分时从事纪检监察和巡视巡察工作的有180人，其中2022年有61人。

经过5年多全系统各级党组织和广大党员、干部、员工的共同努力，党对中储粮工作的全面领导不断加强，过去一段时间存在的管党治企宽松软状况得到了根本扭转，一些隐藏多年的涉粮腐败问题得到了揭露和查处，亏库、坏粮等风险案件得到了有效遏制并呈大幅度下降趋势，反腐败斗争压倒性胜利已经形成并得到巩固，企业政治生态出现了持续向好向上的可喜变化。过去5年工作成效的

取得，根本在于有习近平新时代中国特色社会主义思想的科学指引，在于有以习近平同志为核心的党中央和中央纪委国家监委及集团公司党组的坚强领导和大力支持，也离不开全系统广大党员、干部、员工的积极参与和纪检监察、巡视巡察干部的艰辛努力。在此，我代表集团公司纪检监察组向大家致以崇高的敬意和衷心的感谢！

在肯定工作成绩的同时，我们也要清醒认识到，当前集团公司系统党风廉政建设和反腐败工作还存在一些不足和短板，离党中央要求和人民群众期待仍有不少差距。一是落实管党治党责任存在"上热中温下冷"现象，少数基层党组织"两个责任"压力传导还不到位；二是少数基层党组织开展教育管理监督不到位，还没有做到真管真严、敢管敢严、长管长严；三是"四风"反弹回潮的压力不小，违规收受礼品礼金、接受管理和服务对象宴请等问题禁而不绝，不作为、乱作为、加重基层负担等问题仍然存在；四是反腐败斗争形势依然严峻复杂，"减存量、遏增量"还有一些硬骨头要啃，"靠粮吃粮""靠企吃企"等违规违纪违法问题还时有发生；五是有的纪检监察和巡视巡察干部能力不足，"不愿""不敢""不会"的问题仍然不同程度地存在。对这些问题，我们必须高度重视，切实加以解决。

二、2023 年工作任务

党的二十大着眼解决大党独有难题、应对"四大考验"、化解"四种危险"，对坚定不移全面从严治党、深入推进新时代党的建设新的伟大工程作出重大部署。习近平总书记在二十届中央纪委二次全会上的重要讲话，深刻分析了大党独有难题的形成原因、主要表现和破解之道，深刻阐述了健全全面从严治党体系的目标任务、实践要求，对坚定不移把全面从严治党向纵深推进作出战略部署，为新时代新征程纪检监察工作提供了根本指引。李希同志代表二十届中央纪委常委会在这次全会上作的工作报告，全面贯彻落实党的二十大精神和习近平总书记重要讲话精神，对2023年工作进行了全面部署，提出了具体要求。我们要深入学习贯彻习近平总书记重要讲话精神，认真贯彻落实二十届中央纪委二次全会工作部署，坚定不移推进全面从严治党、全面从严治企，推动党风廉政建设和反腐败工作取得新成效。

今年是全面贯彻落实党的二十大精神的开局之年，也是实施"十四五"规划承前启后的关键一年，做好党风廉政建设和反腐败工作的总体要求是：坚持以习近平新时代中国特色社会主义思想为指导，更加深刻领悟"两个确立"的决定性意义，更加自觉增强"四个意识"、坚定"四个自信"、做到"两个维护"，坚定不移全面从严治党、全面从严治企，坚定不移将反腐败斗争进行到底，努力践行"守粮仓、捉老鼠、保平安"的庄严承诺，深入推进新时代新征程集团公司系统纪检监察和巡视巡察工作高质量发展，为中储粮集团公司稳步推进"二次创业"、服务保障国家粮食安全提供坚强保障。

第一，围绕党的二十大战略部署、聚焦"国之大者"强化政治监督。紧紧围绕党的二十大提出的重大判断、重大战略、重大任务、重大举措，围绕二十届中央纪委二次全会关于全面从严治党、党风廉政建设和反腐败斗争新部署新要求，围绕习近平总书记对国家粮食安全和中储粮工作系列重要指示批示精神，聚焦服务保障国家粮食安全这一"国之大者"，推进政治监督具体化、精准化、常态化。严明政治纪律和政治规矩，及时发现、着力解决"七个有之"问题，不断涵养风清气正的政治生态。健全政治监督台账管理、督查问责、"回头看"等工作机制，及时准确发现并严肃处理有令不行、有禁不止，做选择、搞变通、打折扣，不顾大局、搞保护主义，照搬照抄、上下一般粗等突出问题。加强对集团公司"十四五"规划、新建粮仓项目、信息化建设项目、安全生产等重点工作的监督检查，切实保障改革发展稳定各项工作平稳有序推进。

第二，推动完善企业自我监督体系。健全集团公司系统"大监督"工作格局，完善各类监督贯通协调机制，发挥各基层党组织和监督小组职能作用。压紧压实全面从严治党主体责任，督促各职能部门落实监管职责，强化各级纪检监察机构协助职责、监督专责，增强管党治党合力。紧盯"关键少数"，重点加强对"一把手"和领导班子的监督，加强对年轻干部教育管理监督。用好问责利器，深化精准问责、规范问责，推动"两个责任"层层贯通、一体落实。认真落实《纪检监察机关派驻机构工作规则》要求，持续深化集团公司系统纪检监察体制改革，深入推进纪检监察工作双重领导体制具体化、程序化、制度化，围绕监督检查、审查调查等关键环节加强对全系统各级纪检监察机构的领导，推动全系统纪检监察工作提质增效。

第三，有效发挥政治巡视巡察利剑作用。深入贯彻中央巡视工作方针，研究制定集团公司党组 2023 年至 2027 年巡视工作规划。抓好党的二十大后集团公司党组首轮巡视，2023 年对 6 家分（子）公司党委开展常规巡视。完善巡视巡察上下联动工作格局，推动巡视巡察贯通协作、同向发力。加强巡视巡察整改和成果运用，压实整改主体责任，发挥纪检监察、组织人事、监督检查与审计等部门职能作用，做好情况通报、线索移交、成果运用、整改监督等各项工作。

第四，锲而不舍落实中央八项规定及其实施细则精神。以钉钉子精神纠治"四风"，坚决防反弹回潮、防隐形变异、防疲劳厌战。持续纠治享乐主义、奢靡之风。继续在全系统厉行"禁烟""禁酒"令，严查顶风违规违纪行为，特别要严肃查处享乐主义、奢靡之风背后的利益交换、请托办事等问题。重点纠治形式主义、官僚主义。紧盯影响党中央决策部署落实的不正之风，对政策举措和工作部署片面理解、机械执行、野蛮操作，玩忽职守不作为，任性用权乱作为，权力观异化、政绩观扭曲、事业观偏差等问题深挖细查、找准症结，着力发现和解决"表现在基层、根子在上面"的现象。着力整治群众身边的不正之风和腐败问题。拓展深化为群众办实事实践活动成果，清除妨碍中央强农惠农政策落实的"绊脚石"。推进作风建设常态化长效化。坚持和改进把握重要时间节点纠治"四风"、通报曝光典型案例、开展专项治理等工作机制，把制度成果更好转化为治理效能。

第五，全面加强党的纪律建设。把纪律建设摆在更加突出位置，促进全系统党员、干部员工不断增强纪律意识、规矩意识，推动纪律建设抓在经常、严在日常。狠抓纪律执行，坚持执纪必严、违纪必究，对违反党纪问题发现一起坚决查处一起，既让铁纪"长牙"、发威，又让干部重视、警醒、知止。把正面引导和反面警示结合起来，运用典型案例和身边人身边事开展警示教育。严明组织纪律、换届纪律，规范审慎回复党风廉政意见。做深做细做实日常监督，精准运用"四种形态"，加强对党员、干部、员工全方位管理和经常性监督。认真落实"三个区分开来"要求，坚持严管厚爱结合、激励约束并重，营造干事创业的良好环境。

第六，坚决打赢反腐败斗争攻坚战持久战。始终保持零容忍威慑不变、高压惩治力量常在，直至将藏匿在中储粮系统的"硕鼠""蠹虫"清理干净为止。一日没清干净，反腐败就不能停步！严查重点问题，坚决查处政治问题和经济问题交织的腐败，坚决防止领导干部成为利益集团和权势团体的代言人、代理人，坚决防止政商勾连、资本向政治领域渗透等破坏政治生态和经济发展环境。坚持行贿受贿一起查，营造和弘扬崇尚廉洁、抵制腐败的良好风尚。突出重点领域，持续深化粮食购销领域腐败问题专项整治，对在国家粮棉油储备轮换中搞权力寻租、利益输送、侵害国家和人民利益的国有粮仓"硕鼠"从严从重惩处。紧盯重点对象，把党的十八大以来不收敛不收手、胆大妄为者作为重中之重，严肃查处领导干部配偶、子女及其配偶等亲属和身边工作人员利用影响力谋私贪腐等问题。坚持标本兼治、系统治理，把"三不腐"有效贯通起来，三者同时发力、同向发力、综合发力，深化以案为鉴、以案促改、以案促治，加强新时代廉洁文化建设，使严厉惩治、规范权力、教育引导紧密结合、协同联动，增强拒腐防变能力。

第七，以铁的纪律打造忠诚干净担当的铁军。全系统各级纪检监察机构要结合即将在全党开展的主题教育，扎实开展干部队伍教育整顿，把纯洁思想、纯洁组织作为突出问题来抓，切实加强政治教育、党性教育，严明法纪，坚决清除害群之马。全面加强思想建设，持之以恒深学细悟习近平新时代中国特色社会主义思想，坚持好、运用好贯穿其中的立场观点方法。加强斗争精神和斗争本领养成，在党风廉政建设和反腐败斗争一线砥砺品格操守，在重大政治原则和大是大非问题上勇于亮剑，在攻坚战持久战中始终冲锋在最前面。用好深学习、实调研、抓落实工作方法，有针对性地抓好政治业务培训，不断提高思想政治工作能力、政策把握能力、执纪执法能力、风险处置能力。严格依规依纪依法履职用权，主动接受最严格的监督和约束，坚决防治"灯下黑"。

　　同志们，奋进新征程、建功新时代，党风廉政建设和反腐败工作任重道远。让我们更加紧密地团结在以习近平同志为核心的党中央周围，在中央纪委国家监委和集团公司党组坚强领导下，踔厉奋发、勇毅前行，忠诚履职、担当作为，坚定不移深化全面从严治党、全面从严治企，不断取得党风廉政建设和反腐败斗争新成效，为建设廉洁粮仓、保障集团公司在"二次创业"新征程中实现高质量发展作出新的更大贡献！

铮铮铁骨铸忠诚

——记全国劳动模范，中储粮辽宁分公司
原党委书记、总经理吴跃放

　　经辽宁省委、省政府推荐，2020 年表彰全国劳动模范和先进工作者大会筹委会办公室评审，党中央、国务院决定，中储粮的 59 岁"老兵"，辽宁分公司党委书记、总经理吴跃放荣获"全国劳动模范"称号。2020 年 11 月 24 日，5 年一次的全国劳动模范和先进工作者表彰大会在北京人民大会堂隆重举行，吴跃放作为获奖代

表受邀参会，接受党和国家授予的这份崇高荣誉。这是近 10 年来第一位荣获"全国劳动模范"称号的中储粮人，殊为不易。对于这份殊荣，吴跃放显得比较平静，但在谈起自己的从业经历，尤其是在中储粮奋斗的 18 个春秋时，他又感到由衷的欣慰。

1978 年，17 岁的吴跃放离开了郁郁青青、满目葱茏的三湘四水，参军入伍来到了冰天雪地的东北大地，从此与东北这片热土结下了不解之缘。吴跃放 1986 年加入中国共产党，历任原总后勤部嫩江基地一场副场长、八场场长、一场场长，原总后勤部嫩江基地副主任兼总农艺师，并两次荣立三等功。24 年的部队经历锻造了吴跃放忠诚、果断、敏锐、刚正的性格，培养了他"严、紧、硬、实"的工作作风。2002 年起，吴跃放先后任中储粮北方公司副总经理，湖南分公司副总经理，辽宁分公司党委书记、总经理等职务。在中储粮系统工作期间，吴跃放始终坚守初心、不改本色，铁骨铮铮、

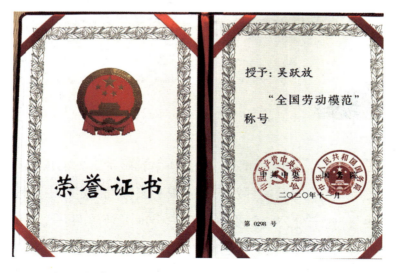

吴跃放获得"全国劳动模范"称号的荣誉证书

敢抓敢管，生动诠释了对党的事业的拳拳之心，为实现中储粮"两个确保"的目标忠诚奉献。

为官避事平生耻

"为官避事平生耻"，这是吴跃放的人生信条，也是他工作生涯的真实写照。进入中储粮系统工作以来，无论在什么岗位上，无论面对什么问题，吴跃放总是勇往直前、迎难而上，不怕事、不躲事，敢担事、能成事，甘于做铺垫之事，善于抓未成之事。他常说："虽然我们不是官，但只要我们在这个位置上，就得把自己分内的事干好，要德能配位。德不配位，就不要怪人家背后戳你的脊梁骨。"

2016 年，吴跃放临危受命，被调任中储粮辽宁分公司主要负责人。彼时，辽宁分公司的发展一度陷入被动，尤其是 6 起重大历史遗留经济纠纷案件犹如座座大山，阻碍了分公司前进的步伐。这些纠纷案件累计涉案金额达数亿元，且都是涉粮纠纷，案件复杂而敏感。俗话说，"旧账难理"。吴跃放作为"新官"，面临的第一个问题就是理不理这些"旧账"。对此，他没有半点迟疑、犹豫。这些案件有的民事刑事交叉、有的涉案金额巨大、有的涉及国家政策执行，处理起来千头万绪、十分敏感、难度很大。那段日子里，吴跃放亲自上阵，主动向有关法院解释说明中央事权粮食的重要性及特殊性，介绍国家政策性粮食竞价交易与司法拍卖活动之间的区别。虽然刚到辽宁，人生地不熟，但吴跃放"咬定青山不放松"，有时去法院一次不成，他就再去第二次、第三次，从维护国家粮食安全的战略高度，当面陈清利害关系、条分缕析，争取获得法院支持。在集团公司领导的直接指挥和法务部门的有力指导下，吴跃放组建了由分公司班子成员、相关处室和直属企业负责人参加的案件处置团队，仔细梳理案情，重新制定诉讼策略，不放过一张单据甚至一个签名、一个数据，做实证据链条。经过两年多的艰苦努力，截至 2018 年底，辽宁辖区 6 起重大历史遗留经济纠纷案件全部以辽宁分公司胜诉结案，既确保了国家政策性粮食安全，又避免了重大经济损失。中储粮辽宁分公司相关直属企业在历经几年的痛苦挣扎后终于转危为安，得以轻装上阵。

然而，对于辽宁分公司而言，解决老问题、化解旧矛盾并不是终点，恰恰是步入新阶段、开创新局面的起点。如何破旧局、开新局，实现企业发展良性运行，吴跃放把目光盯在"去库存"这一躲

吴跃放（右一）在辖区调研粮食收购工作

不开、绕不过但又必须得过的坎儿上。由于连年实施政策性粮食收储，2016 年辽宁辖区政策性粮食库存规模、外储库点数量均创历史新高，库外储存比例高达 90% 以上，有限的管理能力与无限的管理责任、紧张的管理人员与繁重的管理任务形成鲜明对比。在这一背景下，国家启动了政策性粮食"去库存"工作。

"去库存"是落实中央"三去一降一补"工作方针、推进农业供给侧结构性改革的一项重要内容，是对中储粮服务宏观调控能力的一次重大考验。面对拍卖成交粮食数量大、购粮客户多、承储库点分散、不宜管理等诸多难点问题，吴跃放坐不住了，他知道，"去库存"既是攻坚战，又是持久战，向来是风险高发频发区，如果防不住、控不了，必将使分公司乃至中储粮陷入危险的境地。他再次挂帅出征，迅速组建了辽宁辖区"去库存"领导小组和舆情风险控制领导小组，自己牵头抓总，担任组长。当时一些人认为，领导挂帅有时就是表表姿态、做做样子，剩下的事还是由底下的人来干，但吴跃放用行动对"领导挂帅"作了最完美的诠释。他深知，处理企业棘手问题离不开当地党委、政府的支持和参与。为此，他主动向辽宁省委、省政府有关领导同志汇报工作，阐明做好政策性粮食管理工作对维护国家粮食安全、维护区域粮食市场稳定的极端重要性，请求省政府以正式文件明确政策性粮食管理各方职责，齐抓共管形成合力。最终，辽宁省政府正式下发了《关于加强政策性粮食管理工作的通知》。他还趁热打铁，协调辽宁省公安厅下发了《关于切实做好服务保障中储粮公司粮食"去库存"工作的通知》，为辖区"去库存"工作提供了法制保障。

制度保障只是第一步，接下来的出库工作才是重头戏，吴跃放带领分公司党委一班人迅速把精力转移到了出库过程上来，班子成员各负其责，通过梳理近年来系统发生的"去库存"风险教训，找漏点、梳堵点、抓重点、破难点，紧紧抓住"去库存"过程中的动态管理，集中辖区员工智慧，制定了极具针对性的12项出库管理措施，确保出库期间所有从进库到出库的每台车辆、每个环节都被管控到位。4年来，粮食市场波动起伏，一遇市场价格下跌，"去库存"纠纷就接踵而来。有的民营承储库点为保住"最后一顿晚餐"，采取诸如挖断库区道路、谎称运粮车辆压坏城镇道路桥梁、鼓动不明真相的群众堵路等手段，阻挠政策性粮食销售出库。有的买方客户看到竞买后无利可图，蓄意"碰瓷"、恶意违约，甚至利用闹访缠访、媒体炒作谋取不正当利益，舆情风险管控压力倍增，稍有不慎就可能发酵放大，进而演化成政治风险。4年多来，辽宁辖区共处理了多少起出库纠纷事件，大家已记不清了，但唯一记得的就是

吴跃放（右二）检查辽宁辖区政策性粮食"去库存"工作

关键时刻吴跃放带领班子成员冲到一线的身影。他常把一句话挂在嘴边："在应对'去库存'问题上，就是要坚持'小题大做'，小问题也要按照大问题来处理。分公司领导和职能处室不能只当指挥员，不当战斗员，关键时刻我们都要沉到基层，直面纠纷客户，早介入早主动，等着人家找上门来就被动。"在他的带领下，4 年多来，眼看着辖区临储、托市粮从 2000 万吨降到 1000 万吨，从 1000 万吨降到 100 万吨，直到目前基本出空，总体保持平稳，未发生一起舆情事件。

事非经过不知难。别人眼中看到的只是简单的数字变化，但数字背后，却是吴跃放多少个深夜仍然奔赴储粮库点途中的身影，多少次凌晨仍在会议室与纠纷客户进行艰苦胶着的谈判，多少次绞尽脑汁研究应对策略的"煎熬"。

账有新旧之分，但管好"大国粮仓"的责任无你我之别。在解决历史遗留问题上，吴跃放从来不推不躲、勇于担责，"乐此不疲"。2020 年，他又组织各单位全面梳理了辖区直属企业自成立以来尚未解决的 56 个历史遗留问题，逐个落实责任部门、建立工作台账，积极推进解决。在其位，就要谋其政、履其职、尽其责，这就是一名具有 30 多年党龄的老共产党员的责任担当。

涉深水者得蛟龙

与吴跃放共过事的人对他有一个共同的评价，就是他总能透过繁杂的现象抓住问题的本质。无论是平常的工作交流中，还是在研究重要事项时，他总能做到言之有物、切中肯綮，充分而准确地表达意见。有人说这是性格使然，有人说这可能跟军队的历练有关。

　　吴跃放深知，良策来自基层，智慧蕴含在职工群众中间。所以，他总是要求分公司机关的干部员工要真正沉下身子到基层调研，实地了解直属企业的情况以及基层员工的诉求。

　　到辽宁分公司工作后，吴跃放就给班子成员制定了"三三制"工作原则，即1/3时间下基层，1/3时间在机关办公，1/3时间学习、开会以及协调方方面面的工作。到辽宁分公司任职不到3个月，他就利用工作时间及节假日、休息日，先后调研了辖区21家直属库、26个分库，并对13家直属库进行了"回头看"。每到一库，他都要求做到事先不发通知、不打招呼，下车之后直奔储粮区，仓内仓外、烘干塔、露天囤、消防设备、配电箱、通风机电缆、锅炉房、器材库、职工食堂、劳务人员宿舍等地，每个地方他都去看，而且越是平时没人去的地方他越是重点查看，总能发现一些别人发现不了的问题。就这样，他迅速进入了工作节奏，快速全面地掌握了辽宁辖区的工作情况。

　　吴跃放的车里永远放着两样东西，是他调研专用的两件"法宝"——安全帽和白手套。自己备着安全帽是为了能直接进入生产作业区，这样"四不两直"检查才能完全达到"不打招呼"的目的；白手套是为了检查库区的管理水平，在他眼里，进入粮仓，"白手套往哪摸都不能沾灰"才是中央储备粮"国家队"应有的标准。刚开始的时候，大家都不理解，认为粮仓不是家里客厅，一尘不染是"吹毛求疵"。但吴跃放说，客厅是"小家"，而粮仓是中国人的饭碗，这是"大家"。管好"小家"是我们对家庭的责任，而管好"大家"是我们对党、对国家的责任。正是靠这样的"吹毛求疵"，几年来，辽宁辖区的粮食储备管理发生了翻天覆地的变化。一条条洁

吴跃放（中）陪同辽宁省有关领导同志在辖区直属企业调研

净的库区道路，一座座平整如镜、洁净无尘的粮仓，一排排整齐的仓储设施设备，一个个标准的业务管理流程和安全操作流程，无不印证着辽宁辖区整体管理水平的飞跃。2017 年以来，辽宁分公司已连续 4 年实现了无安全生产责任事故、无储粮安全事故、无新发经济风险案件、无重大舆情事件，中央事权粮食数量真实、质量良好、储存安全。2018 年、2019 年仓储工作连续两年在集团公司绩效考核中获得满分。2020 年，辽宁分公司被集团公司授予"两个确保"特殊贡献奖。

沉到基层，吴跃放心里始终装着两本账，一本是企业经营管理账，一本是员工所想所盼账。在每个调研单位，他都与中层以上干部和员工代表座谈，倾听干部员工对企业发展的想法，了解大家工作生活中遇到的困难，现场办公、现场解决问题。他总说，真正困难的不是研究对策，而是摸清情况。"涉深水者得蛟龙"，只有真正扎进基层，才能解决实际问题。靠着这套调研方法，4年间他走遍了每一家直属库、分库以及外储库点，对每家直属库、分库的情况都如数家珍，解决了一个又一个困扰了企业多年的难题。

千山直属库干部员工永远不会忘记2016年深秋的那个上午。吴跃放到任后第一次到千山直属库调研，发现从班子成员到普通员工都精神消沉、士气低迷，详细询问之后，才知道千山直属库是水稻承储和加工库，经营困难，企业连年亏损，背负了沉重的债务包袱，累计欠债6500万元，自有资金为负4712万元，偿债能力评估为C级。了解了现实情况的吴跃放，说了一句让千山直属库干部员工暖心窝子的话，"分公司不会让任何一个直属企业掉队"。吴跃放这句话并不是作秀，他把这件事放在了心上。回到分公司后，他组织分公司领导班子立即研究千山直属库甩掉历史包袱问题，组织业务处室到千山直属库进行专项调研，对上积极争取集团公司的政策支持，对下做好辖区六家债权直属库的思想工作，用了两个多月的时间，彻底解决了困扰千山直属库多年的债务问题。千山直属库仓容有限，储粮规模达不到利润平衡点，相当一部分中央储备还在库外储存。解决了债务包袱只是"治病"，要"强身"就必须解决仓容不足的问题。为此，他多方努力，在集团公司的大力支持下，争取了10万吨中央投资建仓项目落地千山直属库。看到7座现代化粮仓拔地而起，员工们信心倍增，这个沉疴多年的困难企业又焕发了勃勃生机。其实，像千山直属库这样的水稻储存库发展瓶颈问题在辖区其他水稻储存库同样存在，分公司领导班子因地制宜、科学施策，确定了"先进更先进、后进赶先进"的工作思路，对辖区

吴跃放（后排中）与辽阳直属库干部员工座谈交流

水稻储存库先"祛病除疾"，再"强筋壮骨"，目前已实现整体"脱贫"。2019 年，辖区 5 家水稻储存库共实现效益 4923 万元，比2016 年增长 49%。

随着吴跃放调研的次数增多，解决的难题增多，他在辖区干部员工中的威信越来越高，干部员工越来越敢于在他面前袒露心扉。他经常跟身边的同志说，"去民之患，如除腹心之疾。我们解决基层的事，其实也是解决我们自己的事"。2018 年的辖区工作会议上，丹东直属库新入职员工于云秋在会上给吴跃放提意见："吴总，我代表基层员工向您提个意见，我们现在每个月到手工资有点少，尤其是我们新员工，刚到直属库第一年拿不到绩效奖金，每个月才2000 块钱。"原来，由于历史原因，辽宁辖区直属企业绩效工资都是在第二年兑现，时间久了，大家也都接受了现状。听了于云秋的意见，吴跃放很高兴，转过头对其他同志说："你们都要跟人家学一下，人家小姑娘，比你们这些小伙子都要干脆爽快！"会后，他和分公司人事处的同志认真研究，一方面将直属企业员工基础工资调高了27%，另一方面将预发绩效奖金从55%提高到65%。除此之外，分公司还就绩效工资延期一年发放问题与集团公司有关部门积极沟通，采取"新人新办法、老人老办法"，进一步提升辖区干部员工的获得感。在涉及员工切身利益问题上，吴跃放从不含糊。听到员工反映辖区直属企业间收入差距不合理、多劳未必多得的问题，他顶住压力，带领班子成员慎重研究，采取三年逐步过渡的方法，解决了个别单位员工收入长期过高的问题，通过绩效考核、公平分配，以往收入在辖区倒数的辽西、辽北地区直属企业的员工收入大幅度增长，四年增幅达30%。每每提起这些，员工们都由衷地竖起大拇指。

吴跃放在辖区直属企业宣讲党的十九大精神

先禁其身而后人

吴跃放办公桌上摆着一张军装照，那是他对军队生活的珍贵记忆，也是对自己保持军人优良作风的警醒。他经常用"退伍不褪色"来要求自己，他说："每当自己觉得取得了一点点成绩想要松口气时，看到这张照片，马上就又鼓起劲儿来。曾经是个兵，就永远是个兵，这些都是军旅生涯带给我的无价之宝。"

作风硬朗、要求严格、刚直不阿是吴跃放身上鲜明的标志。刚到辽宁分公司时，有感于分公司管理水平下滑，吴跃放决定从分公司本部入手，狠抓作风建设，对分公司机关人员统一着装、上下班考勤、严明工作纪律、日考评、月考核等一系列事项进行了规范，班子成员也不例外，给分公司机关戴上了"紧箍咒"。刚开始大家有些不适应，有的人叫苦不迭，觉得分公司管得过于严苛，但吴跃放要求班子成员带头，每天自己来得最早、走得最晚，跟大家一样穿工装、戴工牌、打卡签到，领导这样做，员工们也就没有了怨言。

2016年10月，刚到任一个月的吴跃放注意到辖区分库与直属库相比存在明显的管理差距，管理松懈，员工精神懈怠。对此，有的人不以为然，认为分库不如直属库是正常现象，否则怎么一个叫直属库、一个叫分库。吴跃放认为，同样都是中储粮的粮库，同样都在辽宁辖区，在管理水平上决不能拉开档次。提衣提领子，牵牛牵鼻子。深思熟虑之后，他对辖区比较大的几个分库进行专项检查。2016年12月，在不到10天的时间里，吴跃放带领分公司班子成员、仓储管理处负责人，对大连、葫芦岛、建平、朝阳、锦州、盘锦6个直属库、14个分库进行了"四不两直"检查。每检查完一个

吴跃放（左二）在辖区企业开展"四不两直"检查

库点，他都现场进行点评，不留情面、不绕弯子、直奔问题。对于管理水平较低的分库，吴跃放丝毫没有手软，经班子研究，对分管分库的副主任及分库负责人立即免职，主要负责人在全辖区大会上作检讨。

律己方能服人，身正方能率人。吴跃放不但对别人要求严格，对自己要求更加严格。尽管离开部队多年，但他仍然保持着军人的优良传统——无怨无悔、严格自律。说起无怨无悔，看他的履历便知，任职北方公司副总经理后，在副职岗位一干就是 16 年，严守政治规矩，坚决服从命令，听从组织安排，没有丝毫怨言。说起严格自律，作为辽宁分公司主要负责人，只要不出差，他永远是分公司第一个到单位的人，周六、周日也很少休息。遇到工作任务繁重的年头，一年当中跟亲人相聚的时间加起来都不超过 10 天。即便是老父亲病重，他也未能在身边尽孝。2020 年 7 月，父亲已处于弥留之际，吴跃放心中虽有万般牵挂，但辽宁分公司正处在"去库存"的决战攻坚期。尤其是进入 7 月以后，系统内发生的几起舆情事件使中储粮面临的外部环境敏感而复杂。他是多想回家跟父亲见上最后一面啊，但他又怎么能放得下分公司那份沉甸甸的责任！那段日子里，家里的每一个电话，他都战战兢兢地接听，因为他不知道哪个电话之后，就是与父亲的永别。但老父亲去世的噩耗还是传来了，临行前吴跃放嘱咐办公室的同志：第一，父亲去世的消息不准告知辖区任何人；第二，即使有人从其他渠道知道，也不得前往吊唁；第三，绝不收受挽金。办公室主任主动提出派人陪他一同前往湖南，帮助料理其父亲后事，立即遭到他的拒绝。他说，父亲去世是家事，单位派人是公差，怎能公私不分?!

吴跃放（中）与分公司党员同志一起过"政治生日"

不将今日负初心

2019 年 9 月，在拍摄辽宁分公司庆祝新中国成立 70 周年"同升国旗、共唱国歌"视频时，面对镜头，吴跃放轻轻挥动手中的国旗，深情地唱道："我的祖国和我，像海和浪花一朵，浪是那海的赤子，海是那浪的依托……"这种爱国心、报国情、强国志，他不但用情在歌唱，更是用心在践行。

时间的指针拨回至 2016 年。作为一名受党培养教育多年的领导干部，刚刚履职辽宁分公司党委书记的吴跃放知道，抓党建如果抓不到点子上，空对空、虚对虚，必然流于形式。那个时期，辽宁分公司党建工作尚未真正走上正轨，辖区党建工作在不同程度上存在弱化、淡化、虚化、边缘化问题，他白天忙于扎进基层摸情况、查实情，晚上挑灯"充电"，记录学习心得和制订工作计划，密密麻麻的笔记和笃定的行动印证了吴跃放抓好党建工作的坚定决心。

经过分析研判，吴跃放认为，党建工作缺失问题的根子还是在干部员工的思想上。为此，他带领党委班子成员深学细研习近平总书记关于保障国家粮食安全的系列重要指示批示精神，坚持以问题为导向，提出"标准化建设""规范化完善""特色化提升"的三步走总体思路，分别于 2017 年开展了"十个一"党建系列活动，2018 年开展了"1+12"党建系列活动，2019 年开展了"一条主线，四个阵地"建设，2020 年分公司党委又以"一纵两横三延伸"为辖区党建谋篇布局。演讲比赛、篮球比赛、文艺汇演、军训会操……丰富多彩的活动让广大干部员工的精神世界变得绚烂多姿；"党支部规范化建设阵地""党员示范仓、红旗仓建设阵地""安全生产建设阵地""企业文化建设阵地"等基层党建的有益探索，进一步拓宽了党建与企业生产经营管理深度融合的途径和方法。在集团公司第六届职工技能竞赛中，辽宁分公司选派的四名选手取得三个一等奖、一个二等奖以及团体一等奖的佳绩。2020年，辽宁分公司党委被集团公司党组授予"先进基层党组织"称号。

丰富多彩的党建活动激发了辽宁分公司辖区干部员工的工作热情，但吴跃放知道，要带好辖区1300余名干部员工队伍，必须有严明的纪律和规矩做保障。只有营造风清气正的政治生态，辽宁分公司改革发展才能走得好、走得远。分公司党委坚决扛起全面从严治党主体责任。作为分公司党委主要负责同志，他坚持做到重要工作亲自部署、重大问题亲自过问、重点任务亲自协调，连续三年在春节后上班首日为辖区全体党员、干部员工讲授廉政党课，连续三年带队组织辖区各级领导干部参观反腐倡廉警示教育基地，连续两年组织开展党建、纪检监察知识竞赛，让每名党员、干部知敬畏、存戒惧、守底线。

在辽宁分公司，员工们提起吴跃放，都说他是"黑脸包公"，工作中从不顾念私情、绝不手软。无论是分公司机关还是基层企业，无论是对工作多年的"老资格"还是对初出茅庐的年轻干部，他都做到一视同仁。对违规违纪问题，他要求分公司纪委和直属企业监督执纪小组要敢于较真碰硬、敢于亮剑，认真落实集团公司纪检监察组"守粮仓、捉老鼠、保平安"的工作要求，忠实履行监督执纪职责使命。在分公司党委推动下，截至目前，辽宁分公司辖区共成立直属企业监督执纪小组20个，配备监督执纪员123人，有效增强了基层单位的监督执纪力量。与此同时，吴跃放也有温情的一面，

吴跃放（右一）在辽宁分公司扶贫点调研

"雷霆手段、菩萨心肠"是对他的生动写照。对受处分的干部，吴跃放从来不另眼相看。他知道组织的关心是对犯过错误干部最好的安慰，及时与每名受处分的干部谈心谈话，做心理疏导，既让受处分干部充分认识到自己的错误，也帮助他们摆正心态，更好地投入工作。对于曾经受到处分的干部，只要是实干、肯干，吴跃放按照选人用人原则大胆使用，从不"因人废事"，也不"因事废人"。

经过持续不懈努力，"不忘初心坚守'两个确保'、牢记使命保障粮食安全"日益成为辖区干部员工的思想共识和自觉行动。辖区人心思齐，干部员工精神面貌焕然一新，党建和党风廉政建设工作为管好"大国粮仓"提供了强大的精神动力和纪律保障，真正成了辽宁分公司的一张亮丽名片。

每一个和吴跃放打过交道的人都会说，在他身上，始终蕴含着深厚的家国情怀，让他不知疲倦地为"三农"工作添砖加瓦，为国家粮食安全尽心竭力。作为辽宁省政协委员，几年来，吴跃放着眼"三农"工作，向辽宁省政协提出了"辽宁要为国家粮食安全作贡献"等很多有价值的意见建议，积极为辽宁发展建言献策。围绕学习贯彻习近平总书记关于国家粮食安全的重要论述和服务保障国家粮食安全等主题，吴跃放先后多次为辽宁省直机关干部和地方市委党校培训班学员作粮食安全专题讲座，为增强全社会的"粮食安全观""爱粮节粮观"贡献力量。辽宁分公司积极响应国家决战决胜脱贫攻坚号召，狠抓定点扶贫工作，被辽宁省扶贫办评为"2019年度省（中）直定点扶贫先进单位"。2019年，吴跃放荣获辽宁省"五一劳动奖章"；2020年，吴跃放被任命为辽宁省政协农业和农村委员会副主任，并荣获"全国劳动模范"称号。

"老牛亦解韶光贵，不待扬鞭自奋蹄。"不久，吴跃放就要退休了。有人劝他："都快退休了，干吗还把自己逼得那么紧，该歇的时候就歇一歇。"但吴跃放并没有听进去，相比以往，他的精气神更足了。他说："退伍不褪色，退休不退志。我一定要站好最后一班岗！"

（执笔：王万江，中储粮辽宁分公司党委常委、副总经理；郑春雨，中储粮辽宁分公司综合处干部；杨赞，中储粮集团公司纪检监察组综合室副主任。）

此文采写于 2020 年 11 月 30 日

扶贫路上的铿锵足音

——记全国脱贫攻坚先进个人、中储粮新疆分公司巴音郭楞
直属库原驻村干部艾拜都拉·乃吉米丁

2021 年 2 月 25 日，全国脱贫攻坚总结表彰大会在北京人民大会堂隆重举行。中共中央总书记、国家主席、中央军委主席习近平庄严宣告，我国脱贫攻坚战取得了全面胜利，并代表党中央向"全国脱贫攻坚先进个人"荣誉称号获得者颁奖。作为中储粮系统脱贫攻坚工作的先进代表，新疆分公司巴音郭楞直属库副总经理、集团

公司派驻新疆维吾尔自治区喀什地区伽师县克孜勒博依镇曲如其村第一书记艾拜都拉·乃吉米丁荣获"全国脱贫攻坚先进个人"荣誉称号，接受党和人民授予的这份崇高荣誉。

艾拜都拉·乃吉米丁获得的"全国脱贫攻坚先进个人"荣誉证书

面对荣誉证书，回顾3年多的驻村工作经历，艾拜都拉·乃吉米丁内心更多的是感动、感恩和感慨。他说："这份沉甸甸的荣誉不仅仅是我个人的，更属于和我一起并肩战斗、披星戴月的驻村工作组全体成员，属于善良可爱、勤劳智慧的曲如其村全体乡亲们。"

2017年8月，根据组织安排，艾拜都拉·乃吉米丁离开熟悉的粮食储备工作，来到曲如其村担任驻村第一书记、"访惠聚"驻村工作队队长。驻村以来，艾拜都拉·乃吉米丁始终牢记习近平总书记关于扶贫工作的重要讲话精神，牢记中储粮集团公司党组、新疆分公司党委的重托和全系统干部员工的期待，舍小家顾

艾拜都拉·乃吉米丁（中）与中储粮集团公司纪检监察组组长、党组成员欧召大（右三）和集团公司纪检监察组、党组巡视办有关同志合影留念

大家、摸实情查问题、想办法找出路，将脱贫攻坚的责任牢牢扛在肩上、落实到行动中，用心用情助力曲如其村脱贫攻坚，真正把脱贫攻坚工作当成了密切党群干群关系，带领群众脱贫致富，履行"以民为本、为民解困"工作宗旨的阵地，与村里干部群众结下了深厚感情，团结带领村民们逐步过上了富足的生活，做到了不落一户、不落一人。

他是曲如其村脱贫攻坚的领路人

曲如其村地处祖国南疆腹地，距喀什地区 70 公里、距伽师县城 30 公里，是一个相对偏远和封闭的少数民族村落。这里气候干旱少雨，自然资源贫瘠。全村共有村民 209 户 1002 人，其中贫困户达到 113 户 549 人，贫困户和贫困人口分别占总数的 54.1% 和 54.8%，脱贫任务十分艰巨。

第一次来到曲如其村时，艾拜都拉·乃吉米丁发现，全村共有 32 名党员。村里虽然成立了"两委"班子，但班子成员仅有 3 人，且半年多没有开过会，个别"两委"委员不关心村委的工作、不管村民的事，有的党员常年不参加组织活动，"两委"班子在村民中没有威信，几乎处于半瘫痪状态。刚驻村的几个月，艾拜都拉·乃吉米丁每天走访村民、主动与原"两委"班子成员交流工作，试图找准问题的症结。通过了解，他发现村"两委"班子工作中存在的

艾拜都拉·乃吉米丁（右一）带领驻村工作队员帮助村民收割白菜

主要问题是想干事而没有钱，明知道村民有困难但没有能力帮助解决，造成党组织在群众心中威信较低。久而久之，村"两委"成员也就失去了工作的信心，过一天算一天，没有心思、没有热情抓村集体的工作、管村民的事情。

火车跑得快，全靠车头带。村里有个好班子，对全村稳定发展至关重要。为此，他首先把强化村级组织建设作为重点工作来抓。在镇党委的支持下，曲如其村及时改选了村"两委"，成立了由5人组成的"两委"班子，选出本村有能力的村民作为农民合作社的带头人和法定代表人。针对"两委"班子成员在村民中威信低、作用发挥不明显的现状，他积极帮助村干部上前台、树威信，带领驻村工作队与村干部、村级储备干部结对子，教思路、找方法，定期与村干部开展谈心谈话，提高他们干事创业的热情。每年中储粮集团公司系统干部员工为村里困难群众捐赠的衣物、文具等物品，他都让村干部带头去发放；遇到村民之间发生纠纷等情况，他还耐心指导村干部妥善解决；在农忙季节，他组织村干部到缺少劳动力的农户家里开展帮扶等工作，时间一长，乡亲们切实感受到了党组织的温暖。村"两委"班子成员在群众中的威信不断提升，工作干劲也日益提升，逐渐成为村民的"暖心人"。之后，按照程序，他将2名村级储备年轻干部选配进村"两委"班子，进一步壮大了村"两委"班子的队伍。村干部吾守·阿不都热合曼说："我被推选为村委会主任，由于缺乏工作经验，干起事来总是放不开手脚。艾拜都拉书记帮助我理清工作思路，鼓励我大胆开展工作。现在，我干工作越干越有劲头，村民们发自内心的支持是我干工作的最大动力。这都要感谢艾拜都拉书记的帮助！"

艾拜都拉·乃吉米丁（中）实地了解村民的困难诉求

　　村"两委"班子干事创业的劲头上来了，艾拜都拉·乃吉米丁又开始思考，如何通过制度保障将这一好的变化保持下去，让党组织的战斗堡垒作用在脱贫攻坚一线充分得以发挥。为此，他组织村"两委"班子成员制订工作计划，研究工作措施，带头落实本村各项规章制度，加强村级组织的配套建设，促进村委工作的正常运转。他带领村干部每天坚持入户走访，了解群众的困难和诉求，研究解决群众生产生活中遇到的难题。在村党支部建设中，他主持制定了先进基层党组织的创建目标，注重抓好宣传教育，努力把党和政府关于"三农"工作的路线、方针、政策和相关的法律法规第一时间传达给村民，力求消除村民思想上的模糊认识，推动党中央各项强农惠农政策落实落地。

通过一系列工作努力，村"两委"班子的凝聚力和战斗力得到了根本性提升。3年多来，共有 28 名村民提交了入党申请书，并被确定为入党积极分子。到 2020 年底，村党支部已从村民中发展了 8 名党员。

他是曲如其村乡村振兴的第一责任人

解决了村"两委"班子自身存在的问题后，艾拜都拉·乃吉米丁与村干部一起，一家一家走访、一户一户了解，摸清了村里 113 家贫困户的致贫原因，分类寻找帮助村民脱贫的办法，有针对性地开展精准帮扶。针对村民种植粮食作物品种少、产量低、收入低的问题，他提出了"强化种植技术帮扶"的思路，充分发挥科技在促进农业生产中的重要作用，并与上级农业技术部门联系，因地制宜寻找适合当地种植的经济作物，邀请有关专家到村里开展林果管理知识现场培训。经过专业技术培训，广大农户对管理林果园有了新的认识，并逐步掌握了病虫害防治等专业技术。

伽师县是新梅主产地之一。经过 10 多年培育扶持，如今新梅产业已经成为伽师县富民强县的支柱产业，为当地群众脱贫增收提供了强有力支撑。曲如其村村民阿里木·吾斯曼有 6 亩新梅果园，2019 年，他种植的新梅在新疆维吾尔自治区第九届伽师瓜文化旅游节"伽师新梅评选大赛"中获得银奖。曾几何时，曲如其村由于相对偏远的地理位置，每年的新梅销售成了困扰村民的一大难题，丰产难以转化为实实在在的经济效益，村民们一度只能"望梅兴叹"。

2017 年，村民热孜宛古·图尔荪种植了 6.5 亩新梅，但由于

艾拜都拉·乃吉米丁（后排左）给村民讲解林果园管理技术知识

没有销售渠道，当年收入还不到 2 万元。类似这样的状况在曲如其村还有很多。艾拜都拉·乃吉米丁了解到这一情况后，主动帮助村民联系销路，打通销售瓶颈。2018 年，热孜宛古·图尔荪家的新梅销售收入达到 6 万多元，2019 年，收入达到 12.8 万元，连续 3 年收入翻倍增加。销售渠道拓宽后，村民们通过种植新梅得到了实实在在的收益。乡亲们高兴地说："真没想到小小的新梅能卖出这么高的价格，我们还要继续扩大新梅种植面积。"目前，曲如其村经济作物种植规模达到 2000 多亩，其中新梅、杏梨等瓜果面积1800 多亩，村民们走上了发展特色产业的致富道路，小小新梅成了群众脱贫增收的"金果果"。

在组织村民开展水果、蔬菜种植增收后，新的问题又来了。由于水果、蔬菜的季节性强，保存难度大，稍有不慎就极易造成经济损失。通过市场调研，艾拜都拉·乃吉米丁了解到，采取跨季储存、错峰销售的方式，平均可以让每斤新梅增加收入约 20%，实现种植户增收和当地果蔬种植产业的发展。为此，他及时撰写了调研分析报告，第一时间上报集团公司。对于这一实际困难，集团公司党组高度重视并给予了大力支持。2018 年，集团公司投资 259.2 万元在曲如其村新建了一座 1800 立方米的保鲜库，村民种植的水果、蔬菜暂时没有销售的，可以存放在保鲜库，解决了村民在蔬果储存上的后顾之忧。针对附近村庄只有曲如其村一个蔬果保鲜库的情况，艾拜都拉·乃吉米丁又想着把村里闲余的保鲜库进行出租。在与村"两委"班子其他成员协商后，他们分头到附近的乡村进行宣传，让附近村民把需要存放的水果、蔬菜有偿存放在保鲜库里，增加了村集体收入。

为了规范蔬果保鲜库的运转，艾拜都拉·乃吉米丁与村"两委"班子成员商议，组织本村 15 名贫困户在伽师县工商局注册并成立"伽师县爱克尔农产品购销与储藏农民专业合作社"，具体负责保鲜库的日常经营管理。2019 年 4 月，克孜勒博依镇农民夜市开业，他与新疆乌苏啤酒公司联系，通过免费在保鲜库为厂家存放啤酒的方式，置换获得厂家免费提供的 80 套夜市桌椅，厂家还承诺优惠为村民提供在夜市上销售的啤酒。之后，村"两委"班子又研究决定把这 80 套桌椅免费提供给本村 15 名经营夜市的贫困户，所得利润也全部给了这 15 名贫困户，得到了乡镇领导和广大农户的好评。

保鲜库建成以来，村"两委"班子始终坚持依靠村民、造福村民的原则，真正将保鲜库建成了村民自己的"致富库"。每年蔬菜丰收时，合作社按照市场价格收购本村农民种植的 100 多亩大白菜，解决了农户卖菜难的问题。之后，他们把收购的大白菜储藏在保鲜库，并在下一年度进行反季节销售，实现村民收益最大化。为了提高村里的蔬果保管质量，艾拜都拉·乃吉米丁坚持自学蔬果保鲜知识，并指导农民探索应用蔬果保鲜技术。他每天进库检查蔬果储藏情况，在销售期间又带领合作社成员每天到各乡镇的巴扎（维吾尔语，意为集市、农贸市场）进行销售，实现淡旺季有效调节，破解了村民丰产而不能丰收的难题，同时也解决了部分农民就地就业难题。

过去，曲如其村村民家庭不像家、庭院不像院，住土房、睡土炕，环境卫生得不到保障，村容村貌较为落后。在村民经济收入增加、逐步实现脱贫的基础上，艾拜都拉·乃吉米丁又想到了如何加强村民的思想文化建设，改变村民的精神面貌。他坚持每周组织村民开展升国旗活动、每月开展民族团结教育，把党中央的治疆方略特别是实现新疆社会稳定和长治久安的总目标贯彻到日常工作中，连续三年在曲如其村组织开展以"倡导新风尚、树立新气象、建立新秩序"为主题的"三新"活动。为加强村容村貌整治，他向集团公司申请100万元投入庭院经济建设，引导群众开展庭院改造，动员村民拆除危房129间。他坚持每天走访入户，按照一户一设计、一户一图、一家一策的要求，帮助农户规划修建围墙、规划菜地、搭建葡萄架等，实行居住、种植、养殖"三区"分离，切实改善了村民的居住环境，使村容村貌发生了质的改变。

艾拜都拉·乃吉米丁在走访中还发现，该村小学学生食堂是用简易铁皮房建起来的，孩子们用餐没有像样的餐厅，每天中午都是露天围成一圈吃饭。看到这种情况，他及时向集团公司汇报了实际情况，申请集团公司投入60万元，为该村小学建设了一座学生食堂，并购置了75套学生家庭课桌发放给本村小学学生。2019年，

艾拜都拉·乃吉米丁（左一）帮助村民设计庭院规划

为了组织好农民夜校，集团公司又投入 3 万元为村里夜校购置课桌 100 套，方便村民学习汉语、掌握生产生活技能。驻村工作队和村"两委"班子的这些努力，让村民的精神面貌发生了很大变化，村民们感受到了党的温暖，对党和国家充满感恩，党的民族团结政策在曲如其村得以落地见效。

他是服务曲如其村村民的贴心人

艾拜都拉·乃吉米丁家在新疆库尔勒市，距离曲如其村 1000 多公里。3 年多来，他对曲如其村产生了浓厚的感情，无时无刻不将这里的乡亲们挂在心头，他"早已把这里当成了自己的家"。

　　村民布合力其汗·艾山常年卧病在床，艾拜都拉·乃吉米丁在走访时发现，他的儿子也身患残疾，生活十分困难。了解情况后，艾拜都拉·乃吉米丁积极协调，亲自开车把老人送到县里的医院治疗。医院初步诊断老人患胃癌后，他又及时把老人送到喀什地区的医院住院治疗。老人康复出院后，看见艾拜都拉·乃吉米丁禁不住热泪盈眶，拉住他的手说："你是我的救命恩人，你就是我的儿子。"村民其曼古丽·库尔班的女儿在一岁时被开水严重烫伤，艾拜都拉·乃吉米丁知道后，积极联系医院让孩子得到了有效治疗。漫长的治疗和高昂的医疗费给这个家庭带来了极大的困难，他又及时帮助联系县民政部门，为其曼古丽·库尔班一家争取了专项临时救助费用，减轻了他们的家庭经济负担。

　　近几年，艾拜都拉·乃吉米丁带领工作队利用入户宣讲、就业人员现身说法等，向乡亲们宣传"一人就业、全家致富"的理念，积极动员村里富余劳动力走出家门务工赚钱补贴家用。根据每个人的爱好特长、就业意愿和岗位需求，他有针对性地制订了培训就业方案，并利用农民夜校开办国家通用语言文字培训班，帮助乡亲们逐步提高汉语语言水平。曲如其村以种植经济作物为主，与其他农作物的种植管理有一定时差。农闲时，艾拜都拉·乃吉米丁就组织农户到外地务工。村民阿卜杜外力·阿巴和妻子到库尔勒帮助别人种植辣椒，1个月收入达到1万元。阿卜杜外力·阿巴说："在外地务工1个月就能挣这么多钱！我们今后在农闲时还要继续去务工。"村民居麦·伊萨米丁家里有8口人，仅有7亩地，人均不到1亩，生活比较困难。艾拜都拉·乃吉米丁和"两委"班子成员经过研究，决定安排他们夫妻二人到村里的公益岗位就业，使两人的月收入达

艾拜都拉·乃吉米丁（左二）在古尔邦节为困难群众送去温暖

到 3000 元，缓解了他们家的经济负担。村民阿卜力孜·阿巴是残疾人，家里 4 口人，2 个孩子上学，家庭收入主要依靠低保和残疾人专项补贴，考虑到他家庭的具体情况，村"两委"班子研究安排阿卜力孜·阿巴的妻子在村里担任保洁员，每月工资 1500 元，减轻了家庭的经济困难……在村"两委"班子的共同努力下，曲如其村目前具有劳动能力的 449 人中，已就业人员 439 人，就业率达到 97.8%。

艾拜都拉·乃吉米丁患有糖尿病、高血压。驻村期间，因环境影响，他又患上了湿疹。但在看到脱贫攻坚工作的实际需要后，他将身体上的病痛和生活上的困难都置之度外，一如既往坚守在驻村扶贫第一线。因为住在村里治病就医极为不便，他就自学胰岛素注射技术，病情发作时自我注射，把节约下来的时间全部用在访贫问苦工作上。湿疹的治疗时间长，他每次到医院治疗时，就让医生尽量多开药，备用药物用完后才到医院重新检查、治疗、购药。艾拜都拉·乃吉米丁的妻子没有固定工作，大女儿上高中，小女儿患有癫痫。一次小女儿发病抽搐、晕厥，艾拜都拉·乃吉米丁的妻子不知所措，打电话希望他尽快回家照顾孩子。他对妻子的无助感同身受，但一想回趟家一来一回要耽搁三五天时间，村里的大小事情他又割舍不下，只能将这份牵挂深深埋在心里。他年近70岁的母亲身患疾病，他只好把老人托付给自己的妻子和妹妹照顾。3年多来，艾拜都拉·乃吉米丁充分认识到扶贫工作的重要性，切身感受到曲如其村村民们对美好生活的渴望。面对组织的重托和村民的信任，他默默把家庭困难藏在心里，把遗憾和愧疚留给了家人，把青春和热血奉献给了村民。每当看到村民们发自内心的笑容，

艾拜都拉·乃吉米丁（后排中）开展民族团结教育活动

看到孩子们开心快乐地蹦跳，他就感到由衷的欣慰。

新冠肺炎疫情期间，特别是 2020 年 7 月喀什地区突发疫情后，部分村民从外地返回接受居家隔离医学观察，辖区的部分人员也在曲如其村集中隔离进行医学观察，村里的疫情防控压力陡然增加。在此期间，艾拜都拉·乃吉米丁带领工作队、村干部和志愿服务队，主动放弃休假，坚守岗位，始终奋战在疫情防控第一线。晚上，他们挨家挨户打电话确认村民生活物资和药品需求，白天分批给村民送货、测体温和健康消毒，并入户宣传疫情预防知识，为村民送去党的关怀和温暖。同时，艾拜都拉·乃吉米丁充分利用中储粮集团公司援建的保鲜库，给全乡驻村工作队和农户提供并调运蔬菜，保障乡亲们的日常生活需求，得到了伽师县委、县政府和驻村工作队及村民们的广泛好评。

如今，全村 113 户 549 名贫困人口全部脱贫。村民人均年收入从 2016 年的 7600 元增长到 2020 年的 10748 元，全村家家购买了电视机、洗衣机，209 户村民盖上了富民安居房，188 户村民安装了电暖气，42 家购买了农用拖拉机、3 家购买了运输卡车、15 家购买了家用小汽车……产业兴旺、生态宜居、村风文明、生活富足的美丽画卷正在曲如其村徐徐展开。艾拜都拉·乃吉米丁用实际行动落实党中央脱贫攻坚决策部署，践行了一名共产党员的初心和使命，为打赢脱贫攻坚战作出了应有的贡献，谱写了真情帮扶、助力脱贫攻坚的动人新篇。

参加完全国脱贫攻坚总结表彰大会后，艾拜都拉·乃吉米丁第一时间回到曲如其村，将习近平总书记重要讲话精神传递到了最基层。他说："我要深刻领会习近平总书记的重要讲话精神，努力将学习体会转化为继续做好工作的动力，带领村民们继续发扬脱贫攻坚精神，让曲如其村脱贫基础更加稳固、成效更可持续。"

（执笔：杨赞，中储粮集团公司纪检监察组综合室副主任；张伟，中储粮成都分公司党委常委、纪委书记；李楠，新疆维吾尔自治区喀什地区伽师县克孜勒博依镇曲如其村党支部副书记。）

此文采写于 2021 年 4 月 21 日

"为国守好粮是我活着的价值"

——记"全国五一劳动奖章""中央企业劳动模范"获得者、中储粮广西分公司梧州直属库保管员焦林海

　　焦林海出生在 20 世纪 70 年代初，在那个缺衣少食的年代，饿肚子是大多数人刻骨铭心的记忆。焦林海童年时最大的梦想就是希望有一天人人都能吃饱饭。他说："在那个年代，能吃饱饭就是一种幸福。"与生俱来对粮食的渴望，深深地刻印在焦林海的脑海里，这也使得他与粮食工作结下了长达 30 年的不解情缘。

穷人的孩子早当家

焦林海的家乡广西壮族自治区梧州市岑溪市山多地少，能种植粮食的田地不成片地分布在山野之间，像极了那个年代旧棉袄上密密麻麻打满的补丁。当时焦林海家里有 7 口人，但只有两亩多水田，这仅有的薄田是全家人的生计所在。老实本分的父母辛勤劳作一整年，仅能勉强支撑一家人的基本生活。收成不好时，番薯、木薯就成为全家人主要的补充口粮。焦林海说：“小时候不听话，犯了错，不怕打、不怕骂，就怕罚不给饭吃。所以打小起，我一看到粮食，就有一种说不出的渴望和珍惜。”

焦林海回忆，他 8 岁时就开始在生产队挣工分，尤其是“双抢”农忙时，生产队两头耕牛根本不够用，有些淤泥角落田，耕牛进不

焦林海获得的“全国五一劳动奖章”证书

去，全靠人力用锄头挖、用脚踩。焦林海回忆说："那时候淤泥淹没了膝盖骨，根本拔不出来。"这样一天费力地干下来，可挣到相当于成人的半天工分，能为家里减轻一点负担。

最令焦林海印象深刻的是，一个烈日炎炎的午后，几家人正在山冲梯田里挥汗劳作，突然上游下起暴雨，山洪哗啦啦地冲了下来。危急时刻，大人拉着小孩迅速躲到高处。人虽无恙，但好不容易劳作一天的梯田却被冲毁了。大家眼睁睁地望着，都在唉声叹气。洪水过后又要重新补田埂、撒化肥、插秧苗等，这不仅耗费了大量劳动力，也浪费了一大笔种子化肥钱。那时候他还小，不知道是被暴雨山洪给吓坏了，还是觉得洪水冲毁了农田太可惜了，对着梯田大哭起来。虽然几十年过去了，但当年的场景依然触目惊心、恍如昨日。自那时候起，焦林海心里就深深地埋下了"粒粒皆辛苦"的种子。

耕田、插秧、割稻、晒谷、碾米，小小年纪的焦林海既感受到"稻花香里说丰年"的喜悦，也深知其中的艰辛。他在心里暗暗发誓，一定要发奋读书，早日走出穷苦大山。经过十年的寒窗苦读，他终于如愿考上了中专。那个时代能上中专已经相当了不起，毕业后能分配工作，属于名副其实的"铁饭碗"。为了减轻家庭负担，同时也出于对粮食工作的真心喜欢，成绩优异的焦林海毫不犹豫地选择了广西粮食学校。1994 年 6 月的一天，从广西粮食学校毕业的焦林海无比兴奋地告诉家人一个好消息，他正式成为了国营梧州面粉厂的一名员工，这也是他很多选择去银行、政府单位工作的同学所不能理解的。用他的话来说，作为一个饿过肚子的农村娃，能吃上"商品粮"，还能干自己喜欢的粮食工作，就已经很知足了。

焦林海说："小时候，都是要跟着大人上山砍柴、下田翻地。只有等柴垛堆满、秧苗下地后，才能回去读书。比起面朝黄土背朝天的苦，读书和上班这点苦算得了什么，简直就是在享福！"

勤劳是最好的"嫁衣"

一个人的美好品质不是一天两天养成的，劳模的品质更是如此。刚刚毕业参加工作的焦林海，在单位就已经是出了名的"拼命三郎"。一个月最多 31 天，焦林海加了 32 个班，他是怎么做到的？焦林海回忆，在梧州面粉厂工作时，有一次来了一批粮食需要紧急加工，当时他每天除了睡几个小时觉外，几乎所有时间都在加班，有时甚至顶同事的班，连周末也不休息。"那时候真年轻啊，总感觉有使不完的力气"，焦林海摸了摸两鬓早已斑白的头发，无

焦林海在仓房内安装保温隔热毯

限感慨地说。

人们都说"物以类聚，人以群分"，青年焦林海与妻子的缘分正是来自"勤劳"二字。当时每天早上，都会有一个睡眼惺忪的帅小伙走到路边摊，叫上一大碗炒米粉，和点辣子就狼吞虎咽地吃起来。他经常吃饱饭、结完账后，再小跑着赶到单位去上班。终于有一天，那个个子不高、特别干练的年轻女摊主一边顾着灶台、一边忍不住跟他攀谈起来："你每天都忙些什么呢，这么赶?"焦林海回答道："加班。最近一批麦子正赶着加工出货，忙得很!"正当他转身小跑准备回去时，不由得停下了脚步，回过头，他略显羞涩地匆匆扫了一眼女摊主，脱口而出："你的炒粉很好吃!"然后就飞也似的"逃离"了现场，只听见自己的心怦怦地跳个不停。就这样，一来二去，两个人的话渐渐多了起来，双方了解到彼此家境一样的贫寒，都被对方的勤劳刻苦、朴实厚道所打动。焦林海深情地回忆道："一个姑娘家，能在路边支起一个临时摊，起早贪黑地干活，真的很了不起。"他被这个令自己怦然心动的姑娘所深深吸引，姑娘也被这个勤劳朴实的同龄小伙儿所打动，最终两人喜结连理，成了相濡以沫的恩爱夫妻。现如今，虽然日子已经好过了很多，但夫妻二人仍然保持着艰苦朴素、吃苦耐劳的好家风。

不当老板当"临时工"

在梧州面粉厂工作的日子里，焦林海像无数个粮食系统的职工一样，每天都在从事着平凡、琐碎、机械的工作，日晒雨淋，风雨无阻，虽不光鲜亮丽，也无激情澎湃，但他却干得津津有味，直至遇上了人生的第一道大坎。

2003 年，正逢地方粮食企业改制，焦林海所在的单位八成以上职工面临着下岗风险。此时，他的妻子黎秀霞早已把小小的炒粉摊发展壮大成了远近闻名的大排档，雇起了七八个服务员，生意做得红红火火。焦林海思虑良久后，对单位领导说："还是让我先走吧，他们养家糊口要靠这份工作，我下岗了可以去帮帮老婆。"他把机会留给了朝夕相处近 10 年的同事，自己默默地选择了离开。一年后，以前的老同事抛来了橄榄枝，对他说："临时工干不干？"焦林海问："多少钱？"对方答道："一天 25 元，不包吃住。"焦林海回答："干！"就这样，在粮食行业外漂泊一年的他，选择不当老板当"临时工"，在新成立的中储粮广西分公司梧州直属库干起了临时保管员。

人们都说"是金子在哪里都会发光"，何况还是一块闪着耀眼光芒的金子。与焦林海共事 20 年的库领导陈全新这样评价他："虽然当时只是临时保管员，但他释放出的工作热情远远超出了所有人的想象。"在梧州直属库工作期间，焦林海宛若进入了自己的"后花园"，用脚丈量着库区的每个角落，哪栋仓房放了什么粮，仓房状况如何，粮情如何，甚至是杂物间的工具摆放如何，他竟然只用了不到一个月的时间便了然于胸，成了同事们心中的"活地图"。"遇到问题找老焦"，成了大家工作中的口头禅。由于业绩出色，这位"临时工"只干了 5 个月便顺利转正。焦林海回忆说："2005 年 5 月 1 日，我永远记得这一天。"在这个属于全体劳动者的节日里，焦林海正式成为一名中储粮人。

转正后的焦林海，工作起来更加拼命。在七八月夏粮收购高峰期，他顶着烈日扦样接粮，一忙就是一整天。当时包装粮是主流，载满粮食的农用三轮车经常会在库区门口排起长龙。有的保管员为了提升卸车效率，会采取随机扦样的方式进行质量把控，焦林海却做到了包包检验。他说："哪怕是少跑趟厕所，省出时间也要一一抽检。"他这样做，既不耽误送粮农民的时间，也不会让一包不合格的粮食入仓。坚持一天两天容易，一直坚持，乃至养成习惯却非常难。梧州直属库保管员张明说道："焦师傅做事认真、细致、严谨，是我们年轻人学习的榜样。"在焦林海身上，这样的例子比比皆是。比如，在焦林海负责包片的粮食入仓现场，下水道口永远事先就铺好了编织袋，这样就不会有散落的粮食掉进去，以确保"颗粒归仓"。他的粮膜压槽永远是自己亲手做的，他的要求是细致到不能有一粒粮食压进槽子里。一旦粮食进了槽子，就会影响仓房的气密性，进而影响充氮气调的效果。凭借着"爱较真"的工作作

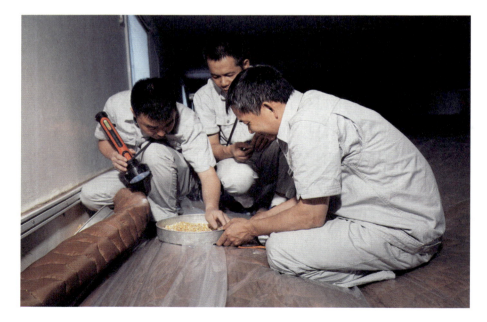

焦林海（右一）与同事们一起检查粮情

风，焦林海管理的仓房储存质量优、保管能耗低，包仓制考核名列前茅，他管理的 8 号仓连续多年获得广西分公司辖区"党员示范仓"称号。

"为国守好粮是我活着的价值"

如若岁月静好，焦林海会一直做一个干劲十足且快乐满足的平凡人。但 2008 年 4 月 3 日这一天，一个晴天霹雳几乎摧毁了他的生活，也彻底改变了他的人生。"肝癌"，拿到检查结果的那一刹那，焦林海突然脑子一片空白，腿脚发软，久久不能站立……那一年，他才 36 岁！

焦林海问："医生，你不必隐瞒，你们叫我化疗，到底我还能活多长时间？"医生说："没办法治好！"焦林海又问："治不好，为什么我还要化疗呢？"医生答道："那是为了延续你的生命。本来你可以活一个月，化疗可以让你多活一个月。但也有第一个疗程都过不了的。"这一年，焦林海不得不暂时离开工作岗位，接受治疗。病魔无情地折磨着他的肉体，更折磨着他的精神。"生，还是死？这是个问题。"这句莎士比亚戏剧中丹麦王子哈姆雷特的经典之问，同样久久萦绕在焦林海心头，他不想放弃。第一次接受手术，他迷迷糊糊，好似丢了魂，意识漫无目的漂浮到了一处无边无际的大荒漠，又渴又饿又累，仿佛回到了小时候饿肚子的感觉。不知何时，隐约听到儿子在身边不停地叫唤："爸爸、爸爸，快醒醒……"他艰难地睁开眼，看了看儿子，便又昏睡过去。等再次醒来时，已经过去了几天，守在一旁的老母亲早已泪流满面。

在与病魔抗争的 5 个月时间里，焦林海躺在病床上，进行了一次从未有过的人生大思考。他仔细回想自己曾经的梦想，回想自己曾经想要成为的样子，回想曾经工作的场景，回想与同事们共同奋斗的点点滴滴。他暗自发问："难道这辈子就只能这样了？不！我要做一个强者！我要重新站起来，我要回去工作，继续奋斗。"

也许是上苍被他的坚忍执着所感动，5个月后，焦林海的病情得到控制并逐渐好转。他开始考虑重返工作岗位。当时家里人和同事们都不能理解，纷纷问他："身体已经这样了，为什么就不能好好休息呢？"也许他们不知道，继续工作，除了能多挣点工资以弥补对家人的亏欠之外，还有很重要的一点，就是焦林海割舍不掉对粮食收储工作那份朴素而执着的情感，割舍不下一个中储粮人对"大国粮仓"的热忱。经过认真思考后，焦林海更加明白自己生命

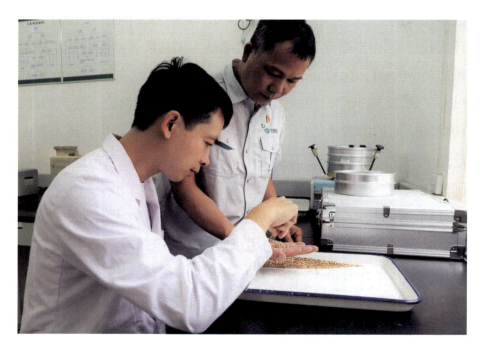

焦林海（右一）在"师带徒"开展粮食检验

存在的意义，他说："鬼门关前走一遭，让我更加明白时间的宝贵。我要在有限的时间里做更多有意义的事情，对抗'不确定'的人生，为国守好粮是我活着的价值。"说这句话时，他目光深邃、神情坚毅。在焦林海看来，"为国储粮、储粮报国"，就是他活着的价值。这份信念让他重新站了起来，活出了精神劲。

说服了家人后，焦林海终于如愿以偿地回到了工作岗位上。当他再次穿过熟悉的库区，走进仓房，看到熟悉的粮食，抓起一把，闻了闻那熟悉的味道，焦林海感觉到了莫名的心安和亲切！他说："这也许就是宿命吧！"——始于"吃不饱"的童年记忆，安于"守粮人"的初心梦想。

勇当科技储粮的尖兵

中储粮广西分公司一直传承着科技储粮的基因。早在 2007 年，辖区直属企业就开始试点运用智能通风、充氮气调等科技储粮技术。科班出身的焦林海听到这个消息，早已按捺不住，摩拳擦掌、跃跃欲试起来，但很快就有一记"重拳"打了过来。

"我熬了一宿没睡觉，不停地用毛巾在仓房里到处擦水，既辛苦又好笑。"焦林海对一次不当的通风操作至今耿耿于怀。因为通风时机不对，粮下热风上行加上夜晚急速降温，导致仓墙表面迅速形成结露。经过这次深刻教训，他开始养成对科技储粮技术的习惯推演，尽可能地把能考虑到的因素都考虑到位，并且善于总结分析，形成数据记录。如今，焦林海的储粮日记已达 52 册，很多都是自己的实践数据和储粮心得，为后续的储粮科技攻关项目积累了大量第一手资料。

　　"要干一行爱一行，还得做到精一行。"通过不断地实践、分析、总结，焦林海的工作思路和方法迅速成了全库保管员的学习榜样。有些东西是"看着会，做着就不会了"，他很快就遇到这样一个情况：有个仓房在充氮气调时，一连换了好几个保管员，不仅杀不死虫，能耗还特别高，搞得库领导焦头烂额。有人提议："要不让焦林海试试？"又有人提出疑虑："他身体刚恢复，能吃得消吗？"焦林海听说后，主动请缨说："让我来！"

　　自从接过这个"杀不死虫"的仓房，焦林海几乎天天泡在仓房里。他围绕这个仓房建模整理出了一系列基础数据，从气密性修补、充氮浓度设定、密闭时间、环流时间、充氮时间、充氮方式等多个维度进行反复论证和全面推演。经过三个月的反复琢磨和验证，焦林海终于使这个仓房的氮气浓度保持在 97% 以上，并连续密闭 14

焦林海在开展充氮气调储粮技术应用研究

天，彻底把害虫杀死了。这便是后来充氮气调微正压气囊科学储粮方法的雏形。现在，这一科技储粮技术已普遍运用在充氮气调杀虫上，实现了充氮气调杀虫抑虫技术的一个重大革新。

焦林海说道："我一个人行还不行，大家都行才是真行。"他坚持不懈学习党的创新理论和粮食储备业务知识，带动班组同事开展科技储粮新技术研究，参加储粮技术难题攻关，与同事先后在《粮食储藏》《粮油仓储科技通讯》等权威行业期刊上发表《富氮低氧气囊微正压保持技术杀虫原理及操作要点》《不同仓型稻谷储藏性能和能耗比较》等 8 篇科研成果，参与的"氧气含量快速检测装置"和"仓外氮气循环制冷机"两项"三小"（小发明、小创造、小革新）发明获得国家实用新型专利。在焦林海的传帮带下，他所在的班组有 2 人考取高级保管员证、2 人获得工程师中级职称，其徒弟曾绍熙还通过公开竞聘走上了中层管理岗位。他所在的班组粮食保管和科技储粮应用水平一直在辖区名列前茅，被授予广西壮族自治区"工人先锋号"称号。

自古忠孝难两全

这些年，焦林海一直往返于单位和医院，不断经受着病痛的折磨，但工作一点也没耽误。面对急难险重工作，他总是主动担当。在新冠肺炎疫情最严重的时期，焦林海不顾患有基础病的高风险，多次前往离家 100 多里外的租仓库点检查粮情。当时，他甚至都抽不出时间去看一看 80 多岁的老母亲，只好把对老母亲的深深牵念埋在心底。对此，焦林海的妻子有些黯然神伤地说："老焦对母亲一直有愧疚之情。我们两口子都很忙，所以只好将母亲

中储粮集团公司纪检监察组组长、党组成员欧召大在广西分公司梧州直属库看望焦林海（左一）

托付给了还在岑溪老家的两个姐姐照顾。"

2022年，焦林海年迈的母亲不幸得了白肺病，如今身体越发不如从前。2023年上半年，焦林海回了4趟老家探望母亲，这已经是近几年最为密集的次数了。每次见面，母子俩都促膝长谈，相互叮嘱要保重身体。"自古忠孝难两全"，对已年过半百的焦林海来说，一边是日夜思念、需要照顾的老母亲，一边是储存有2.3万余吨粮食、价值近7000万元的7个责任仓。在浓浓的亲情与沉甸甸的责任之间，他的选择是那么艰难，却又那么无怨无悔！

这就是焦林海，像无数平凡的中储粮人和粮食行业"大国工匠"一样，舍小家、顾大家、无私奉献写忠诚、殚精竭虑保粮安，默默耕耘在"大国粮仓"的一线岗位上，用自己优异的工作业绩践行"听党话、管好粮、不出事、效益好"的职责担当，见证了中国人从

"吃不饱"到"吃得饱"，再到"吃得好""吃得健康"的蜕变，兑现了确保"把中国人的饭碗牢牢端在自己手中"的庄严承诺。

近年来，焦林海的事迹在系统内外迅速传播，组织上也给予了他无微不至的关怀和至高无上的荣誉。他先后荣获中储粮集团公司"优秀共产党员""优秀保管员""劳动模范""两个确保"忠诚奉献奖和广西壮族自治区"优秀共产党员"、国务院国资委"中央企业劳动模范"等荣誉称号和奖励。2023 年 4 月，焦林海荣获"全国五一劳动奖章"。

（执笔：黄晨舒，中储粮广西分公司党群人事处副处长；汪永虎，中储粮广西分公司纪检监察处干部；刘洪强，中储粮集团公司纪检监察组干部。）

此文采写于 2023 年 7 月 21 日

不负"粮"心见忠诚

——记中央企业优秀共产党员、中储粮黑龙江分公司佳木斯直属库保管员王贵山

　　他个子不高，面庞黝黑，话语不多，身着佩戴中储粮徽标的工服，一年四季总是风尘仆仆、忙忙碌碌。他曾是一名退伍军人，从祖国边陲的"绿色军营"到中储粮"大国粮仓"，不改军人本色，

不图名利、不计得失，兢兢业业、无怨无悔地奋战在仓储工作第一线。作为一名有着 35 年党龄的共产党员，他牢记入党初心，时刻以优秀共产党员的标准严格要求自己，始终坚持对企业、对事业的高度负责，先后荣获"中储粮集团公司优秀共产党员""中央企业优秀共产党员"等荣誉称号。他就是中储粮黑龙江分公司佳木斯直属库仓储保管科保管员王贵山。

简单的事情重复做，重复的事情用心做

王贵山 1981 年 8 月参加工作，曾在中国人民解放军某部队服役 7 年，多次受到所在部队嘉奖。军旅生涯不但赋予了他强健的体魄，更培养了他雷厉风行、严谨扎实的工作作风和不怕困难、坚韧

王贵山在"党员示范仓"内工作

不拔的意志品质。

从部队退役后，他可以选择进入政府部门工作，也可以选择到铁路、石油等热门单位工作。然而，由于他从小在农村长大，对粮食有着天然的深情和热爱，于是毅然决然地选择成为一名"粮管家"。在他踏上守粮工作岗位时，母亲曾反复叮嘱他，"要为国家守住粮仓，为百姓守住饭碗"。带着母亲的殷殷嘱托，王贵山数十年如一日，以心系粮食的情怀和默默奉献的精神，用忠诚守卫安全、用汗水浇灌收获，在平凡的岗位上实现了人生价值，以实际行动诠释了一名共产党员的执着追求和高尚情怀。

2011年，由于工作需要，王贵山由佳木斯直属库综合科被调入仓储部门工作。"仓廪实而知礼节，衣食足而知荣辱。"王贵山深知，作为"守粮人"肩负的责任之重大、使命之光荣，工作来不得丝毫的马虎。刚转行到仓储工作领域，王贵山清楚自己是一名"新兵"，连最简单的三温曲线图都不会画，必须从头学起，甘当一名"小学生"。那时的他，白天进仓查粮、分析粮情，晚上翻阅各种仓储知识书籍。只要有机会，他就向库里有经验的老员工请教储粮技术，扩大自己的粮食储备知识，弥补经验少的缺陷。通过持续不断地学习和积累，王贵山逐步掌握了粮食仓储的各项业务技能，并做到了熟记于心、精益求精，现在他已经成为粮食仓储保管的行家里手和直属库顶尖级的业务骨干。久而久之，同事们都开始喊他"老王"。这声"老王"，表达的不仅是对他年龄渐长的尊重，更是对他储粮保管技术的信任。

工作生活中，王贵山始终不忘自己是一名共产党员，对待工作从无丝毫懈怠。他热爱自己的岗位，珍惜保管员这个职业，时刻践行"宁流千滴汗、不坏一粒粮"的守粮人精神，犹如一头永不疲倦的"老黄牛"，在粮食保管这块热土默默耕耘着。王贵山每天都早早来到单位，换好工作服，拿着配发的手电筒、笤帚抹布、记录本和测温仪，一头扎进工作中。检查粮情变化、做好日志记录、清理库房内外卫生，这些看似繁杂琐碎、枯燥无味的工作，他却干得津津有味。

"天气预报说今明两天有大雨甚至暴雨，我得去粮库看一看。""最近天气干燥，我得去看看灭火器好不好用。""马上要放假了，我得再去看看，叮嘱两句。"……无论风吹雨打还是逢年过节，同事们都能在库区里看到王贵山忙碌的身影。即使在患病高烧不退时，刚拔掉输液针头，王贵山就匆忙进入仓库，系上安全绳爬上数米高的仓顶去处理渗漏点。"到现场去看看，病就好了一大半。"王贵山欣慰地说。十多年下来，这样的场景有过太多次。

2021年4月上旬，松花江佳木斯段江水暴涨，出现洪水黄色预警。4月10日深夜，天气突变骤降暴雨，气象台升级发布雨雪冰冻橙色预警。忙碌了一天的王贵山，刚刚入睡就被雷雨声惊醒，望着窗外来势汹涌的瓢泼大雨，他翻身起床穿上衣服准备出门。妻子劝他等雨小一点再走，反正也看不清路。王贵山说："从家门到仓门，就是蒙上眼睛我都能找到。"说完，他便一头冲进雨里、直奔粮库。到达库区后，他和自发赶到的同事们一起把去往仓房的爬梯、道路和仓房屋顶及屋檐下的厚重冰雪清理干净，确保了仓库粮食安全。三个多小时过去了，王贵山拖着疲惫的身躯在自己负责保管的仓库内只休息了两三个小时。当东方露出鱼肚白时，他又满腔热情地投入到了新一天的工作中。

平日里，很多熟识的人都善意地劝他："你都五十多岁了，再过几年就退休了，何必那么较劲。"对此，王贵山不生气、也不争辩，总是以"无声胜有声"的实际行动去感染身边人、引领身边人。用他自己的话说，"咱是个党员，党员就得像个党员的样。如果遇见困难就退缩，那还算什么共产党员？"在王贵山的心里，自己苦点累点不要紧，只要能把工作干好，能为企业发展出一份力，再苦再累也心甘情愿。

王贵山最常说的一句话就是，"在部队七年时间，我保卫的是国家安全；现在我是中储粮的保管员，保卫的是国家粮食安全。爱岗是我的职责，敬业是我的本分，奉献是我一生的追求。我要把我的一生都奉献给党的事业！"

正是源于这样日复一日的付出和努力，多年来，王贵山管理的中央储备粮质量达标率、账实相符率均保持在100%，损耗率控制在0.4%以内，整体指标优于库内平均水平。每每谈起这些，他总会骄傲地说："我保管过的粮食可够全国人民放心吃一天的！"

王贵山登梯入仓进行日常检查

身不离仓、心不离粮

王贵山过过苦日子，小时候挨过饿，所以一直对粮食珍惜如命，他家里养的羊和鸡从来不舍得喂粮食。在他的认知里，粮食就是老百姓的命根子！不管是搬运过程，还是扦样抽检，只要发现有稻谷掉落地上，他都一一捡回来。王贵山认为，这是身为粮食人应有的操守，也应当成为守粮人的一种习惯。

夏季高温季节，为了均衡仓房内外温差，他就在夜间温度降低的时候，每晚坚持到库房开启门窗；当外温升高以后，又要及时关闭门窗，常常忙得汗流浃背、满身灰尘。冬季收购和烘干季节，他整天坚守在作业现场，冻得脸色铁青、嘴唇发抖也不进屋休息。他手里总是不离扫帚、铁锹和簸箕，每当看见收粮现场和烘干塔有撒漏的粮食，他总是第一时间收拾干净，做到颗粒归仓。面对夏季炎炎烈日、狂风暴雨和冬天大雪纷飞、刺骨严寒，他没有说过一次苦，叫过一声累。他开玩笑说，自己就是粮食的"三温"变化图，单位同事都说"老王是铁打的"。

佳木斯市位于三江平原腹地，近年来粮食综合生产能力稳步提升。直属库每年秋粮收购量较大，收购时间相对集中在严冬。王贵山经常天还没亮就第一个来到工作现场，有条不紊地开始一天的忙碌，预热机械设备，仔细检查电气设备有无安全隐患等。为了加快收粮进度，减少农民朋友排队售粮的抱怨，他常常主动放弃休息时间，连续工作在零下二十几度的收购现场，一站就是十几个小时，经常错过食堂吃饭时间。长期饮食上的不规律使王贵山患上了胃病，在低温环境里长时间站立又使他患上了风湿性关节炎。即便如此，王贵山从来没有半点怨言，也不会因此而耽误工作。

2019 年初冬的一天，佳木斯市突遇特大暴风雪，库区积雪达到一尺多深，直属库所在县城的所有公交车和出租车全部停运。王贵山为了让库外因降雪滞留的售粮车能够尽快卸粮，清晨四点多钟就冒着严寒步行 5 公里到达直属库，拿起清雪工具打扫卸粮场地，直到中午才将卸粮必经的道路和场地清理干净。一分钟都没有休息，他又"汗流浃背"地开始了紧张的收购工作，午夜时才将所有粮车卸完，让售粮百姓高高兴兴地回家。直到这时，王贵山才拖着疲惫的身体发着高烧回到办公室。他服下感冒药昏沉地睡下。第二天清晨又第一个出现在收购现场。了解他的同事都说，老王大哥"是一个十足的工作狂"。

虽然保管员的岗位平凡，但在王贵山看来，却是收好粮、管好

王贵山在秋粮收购现场维持秩序

粮的关键。对现场监卸的每一车粮食质量，他都瞪大眼睛仔细查验，一旦发现粮食质量与票面不符，马上组织人员进行停机复检，严把入库粮食质量关口。这样一来，他有时因为太坚持原则而被售粮人误解，也曾因为"不讲情面"遭到非议和谩骂，他多次拒绝售粮人赠送的现金和购物卡，也时常遇到托关系说情的。面对这样的情形，他不急不恼，总是推心置腹、耐心解释："我知道你们大小车辆、起早贪黑来粮库卖粮不容易，但我们收的是中央储备粮，国家每年花费大量金钱来收购百姓手里的粮食，为的是确保百姓丰产又增收。粮权是属于国家的，将来有一天，这可能就是百姓的救命粮，马虎不得，该是什么标准就是什么标准，不能使半点假，谁说情也不行！"在王贵山看来，作为中央储备粮的"把关者"，就是要认真落实国家强农惠农的好政策，"按照国家收购标准卖粮，我们欢迎，不合格的粮食坚决不能入库，这在我们中储粮系统是有着严格纪律规定的"。

在开展党史学习教育期间，王贵山积极参与直属库组织的党员志愿服务活动，深入附近村屯和田间地头、农户庭院宣传国家粮食质价政策，热心向农户传授节粮减损技术，一点一滴，日积月累，加深与种粮农户的情感沟通，一些售粮农户由原来的不理解逐渐转变为交口称赞，很多农户都发自内心地说，"同样卖粮，我们最愿意去佳木斯直属库送粮，公平公正，服务还好"。乡亲们说，王贵山脸上写着正直，骨子里流淌着军人的血性。他对岗位职责的执着和坚守，诠释了中储粮人的优秀品格。

"干一行、爱一行，择一业、守一生"

"干一行、爱一行，择一业、守一生"，这是王贵山坚守粮食保管工作一线的最大秘诀。多年来，他带领库里的仓储保管员自己动手嵌补仓房、架梁，维修门窗、水管，回收交粮农户丢弃的塑料袋、编织袋、麻绳等物品，累计为单位节省开支100余万元。他的责任仓年年被评为"党员示范仓"。进入仓内，一眼看过去，平整的粮面上没有一点杂质，整齐摆放的工具就像一排等待检阅的士兵。有时同事们跟他开玩笑说："老王，你家里有没有搞得这么干净啊？"他微笑着说："都一样干净。"

王贵山在库里是出了名的"热心肠"，他热忱关心身边的每一

王贵山在平整粮面

位同事。不管哪家有大事小情，都能看到王贵山忙碌的身影，谁家有点困难他都会当成自己的困难。他用自己的实际行动，把党组织的温暖传递给每位同事。每天早晨上班前，他总是抢先把热水给大家烧好，把办公室卫生整理好，为大家创造干净整洁的工作环境。对刚入职的大学生，他带头发扬传帮带精神，把自己的保粮经验倾囊相授，手把手教、

王贵山在政策性粮食出库现场工作

实打实带，帮助青年员工成长进步。有时候听到同事们抱怨工作劳累辛苦、枯燥乏味，他会风趣幽默地加以引导："你们可以把填写记录、日志、笔记等作为练字的一种修身养性，把仓储基础工作、包干区卫生、绿化养护等作为锻炼身体的一种方式。换个角度看待，自然就会释怀，心情也会随之愉悦。"正是这种乐观积极的态度，不仅使他可以把平凡的工作做得有滋有味，也让大家都开始从工作中寻找乐趣，在工作中提升自己。

每年附近村屯、农场百姓粮食收割完，都会纷纷拿来样品让他帮忙检验品质。王贵山总是不厌其烦地一趟一趟去检验室帮助进行检验，并根据检验结果及时给出安全保粮建议，让乡亲们对自

家的粮食质量心里有数，及时降水提质，实现好粮卖好价，助力农民增收。

　　信仰不是口头表态，而是要用实际行动乃至生命来坚守。近几年来，佳木斯直属库辖区政策性粮食出库任务较重，总量多达数百万吨。作为出库管理团队小组负责人，王贵山充分认识到做好政策性粮食出库工作的重要性、复杂性。虽然生活条件比较艰苦，但他从不向组织提任何条件，自始至终做到哪里最需要、哪里最困难、哪里最艰险，他就出现在哪里、战斗在哪里。2020 年至 2021 年，佳木斯直属库辖区去库存消化正处于关键时期，他把思想和行动统一到库里的政策性粮食出库工作安排上。每天作业前，他都亲自积极做好岗前培训和安全交底工作，认真做好出库原始票据的收集整理，对风险较高的环节靠前指挥，降低管理风险，确保人身安全和作业安全，并实时跟踪买方动态，及时向库领导反映买方在出库时提出的异议，保质保量完成政策性粮食出库工作，为租仓库点撤并工作尽一份责任。

　　时光荏苒，岁月染白了他的头发、皱纹爬上了他的脸颊，但改变不了王贵山那颗坚守的"粮"心。他舍小家、顾大家，只为了能够出色地完成工作。他多想为家中扭伤脚踝的九旬老母亲端盆热水泡泡脚，可他人却在百里之外的收购现场；周末他也想陪老父亲喝杯清茶唠唠家常，但库里的万吨烘干任务却摆在眼前；儿子高考时，他因出差身在异乡，只能在心中为孩子送上祝福，成为一辈子都弥补不了的亏欠。直到母亲病危弥留之际，他才遗感地发现时间是那么的短暂……谁不想做父母的好儿子、妻子的好丈夫、儿子的好父亲，但王贵山却亏欠了家人们太多的欢乐和时间。

"岁不寒，无以知松柏；事不难，无以知君子。"王贵山在平凡的岗位上总是默默地发着光和热。他说："自己这一辈子就跟粮食打交道了。粮库就像我的家，粮食就像我的孩子，只要能把粮食保管好，我这辈子就知足了……"

（执笔：吕天文，中储粮黑龙江分公司纪检监察处干部；庞旭东，中储粮黑龙江分公司佳木斯直属库专职党务干部。）

此文采写于 2022 年 10 月 17 日

宝剑锋从磨砺出

——记中储粮集团公司党组巡视办原主任、
巡视组组长傅延福

　　2018 年 11 月，傅延福到达法定退休年龄。2019 年 1 月，中储粮集团公司党组决定免去他的职务；2019 年 4 月，他正式从中储粮集团公司党组巡视办主任、巡视组组长岗位上退下来了。集团公司党组根据工作需要，返聘他参与专项工作。2020 年春节前夕，傅延福退出专项工作，为自己 40 多年的职业生涯画上了圆满句号。

傅延福在粮食系统工作 30 个年头，曾在中储粮集团总部多个部门和湖北分公司担任主要领导职务。为他赢得赞誉和口碑的，不光是他的履职经历，更重要的是他对中储粮事业的那份忠诚与执着。2019 年 4 月 1 日，中储粮集团公司党组书记、董事长邓亦武在党组巡视办干部会议上讲，"20 年来，傅延福同志无论在什么岗位上都始终兢兢业业、尽职尽责，为集团公司改革发展稳定作出了重要贡献""他的政治品格、工作业绩，得到了公司系统广大干部员工的一致认可"。

工欲善其事，必先利其器

傅延福干一行、爱一行，无论干什么工作，他很快就能成为行家里手。勤于学习、善于钻研是他较快适应和胜任新岗位的秘籍宝典。

傅延福深知厚积薄发的道理，多年以来，他养成了用心学、即时记的好习惯。他的公文包里塞满文件、笔记本和书报杂志，一年四季随身携带，从不离手。他的办公桌上也总是堆满这些东西。1991 年 4 月，他从中央财政管理干部学院（1998 年 12 月并入中央财经大学）被调到商业部财会物价司工作，到返聘结束时一共记了 87 本厚厚的工作笔记，至今保存完好。他的工作笔记完整详尽，凡是他参与的工作，时间地点、领导要求、人物观点、来龙去脉、进展情况等，都记得清清楚楚。有时领导和同事们需要了解情况，往往第一个想到的是他。他做的学习笔记也不少，好文章、好故事、名言警句他都会摘录下来，反复研读。只要熟悉他的人，都觉得他讲话有思想、有条理，能够抓住要害、一语中的。中储粮西安分公司原党组书记、总经理季云退休后发表了一篇《回望职场》的文章，专门讲到傅延福勤记笔记的习惯对她的影响："这方面，我的老领导傅延福先生对我的教诲较多、影响最大。他不仅勤记笔记，还时常对所做的笔记进行整理。他身上特有的严谨而极富条理的思维，跟他几十年如一日坚持勤做笔记有密切关系。他不仅出口成章，而且多年以前的事情，只要咨询他，他几乎能随时说出来、说清楚。"

他爱读书、看报，但不是个"书呆子"。他善于向书本学习，更善于向实践学习、向群众学习。在他看来，一个人的经历、学识毕竟是有限的，"足其所践者少，其不践者多；心所知者寡，其不知者众"。因此，要虚心向领导学习，多听大家意见，集思广益，群策群力。与傅延福共过事的同志都知道他谦虚低调，愿意与大家耐心交流，不摆架子，既追求完美，坚持高标准严要求，又讲求方法，批评同志有分寸，跟他一起工作虽然很累，但是感觉舒心，任务完成得好，自身也有提高。

傅延福丰富的学识、严谨的作风、勤勉的精神，不仅为中储粮同仁所折服，而且也被上级领导和兄弟单位普遍认可。中核集团公司原党组纪检组组长李学东在担任国务院国资委群众工作局局长期间，跟他工作上有过接触，2018年1月李学东带队到集团公司检查党建工作，点名要见他。2017年3月，时任中粮集团公司党组纪检组组长袁久强在听完傅延福讲课后，当着众人的面对他说："你要是年轻两岁，我就把你挖过来！"熟识他的一些同志都发自内心地尊称他为"傅老"或"傅前辈"。

不经一番寒彻骨，哪得梅花扑鼻香

无论干什么工作、在哪儿干，傅延福都能认真对待、脚踏实地、精益求精，既出色又出彩，而他对名利则看得比较淡。中储粮集团公司退休老领导张守华对他的评价是，他这个人"只考虑做事，不考虑做官"。

2000 年 4 月，傅延福任中储粮总公司人事部负责人，参与筹建中储粮总公司。初创时期，百业待举，一切都得从零开始。他带领部里的同志夜以继日研究政策法规，跑国家部委寻求支持，到其他央企学习取经。那时候加班很多，他经常从城北到城南，

2017 年 7 月，傅延福（后排右三）率党组巡视办党支部全体党员到李大钊烈士陵园开展"七一"党日活动

开车接送一起加班的年轻同志。经过努力，中储粮系统薪酬分配、社会保障等规章制度很快就制定出来，中储粮培训中心得以在原国家工商总局注册登记，并从财政部争取到了国家预算专项培训经费。在主持人力资源部工作期间，为适应企业发展需要，他顺利组织完成公司系统三项制度改革。

2005 年 10 月，集团公司党组决定傅延福任党群工作部部长，他二话没说，愉快服从。在他带领下，党群工作部围绕中心、服务大局，在抓党的建设、思想政治工作、企务公开民主管理、技能人才队伍建设、和谐企业建设、企业文化建设、扶贫工作等方面亮点纷呈，做成了一些看似不可能做成的事情，为公司内树信心、外树形象发挥了重要作用。那时，集团公司每年定点扶贫投入 90 万元，扶贫措施有创新、成效好，得到国务院扶贫办主管部门负责同志高度认可，中储粮集团公司被授予"中央国家机关等单位定点扶贫先进单位"荣誉称号；中央电视台用 3 个月的时间，免费为中储粮公司录制近 1 个小时的电视专题片《神奇粮食保管员》，并在中央电视台科教频道滚动播出；中宣部、国务院国资委、科技部、中央电视台等单位联合开展《2008 年劳动榜样》电视推广宣传活动，中储粮是 4 家央企中的一家。

傅延福做事总是先谋而后动，善于把控大局。2010 年 10 月，集团公司党组决定他担任湖北分公司"一把手"。出发前，他广泛收集湖北分公司的有关资料，花了几天时间认真研究，寻找加强企业管理的突破口和实现经济增长的支撑点，认真准备"就职演说"稿，提出新的工作思路。他在湖北任职期间，湖北分公司顺利承办纪念国家专项粮食储备制度建立 20 周年座谈会、集团公司第四届职工技能竞赛等重大活动。2011年4月，湖北分公司荣获全国五一劳动奖状，这是中储粮系统迄今为止唯一一个获此殊荣的分公司。2012年，在中储粮系统24个分公司中，湖北分公司利润总额排名第10，比2009年前进了5名；净资产收益率第3名，比2009年前进了11名；人均利润第5名，比2009年前进了11名。这期间，湖北分公司辖区已经形成"心齐气顺干劲足、政通人和百业兴"的局面，初步实现了"政策执行好、风险控制住、干部不腐败、安全无事故"的目标。2013年10月，中央有关部门组成的联合调查组在湖北分公司调研时给予了高度评价。

2013年1月，集团公司党组决定成立党组巡视组，加强内部监督。9月，集团公司党组决定任命傅延福为巡视组组长，参与筹建党组巡视办的工作。巡视工作是一项政治性、政策性、专业性很强的工作，对他来说，这是一项全新的工作。傅延福与其他同志一起边实践、边思考，不断总结提炼。2018年1月，在分管领导的亲自指导下，他起草的《中共中国储备粮管理集团有限公司党组巡视工作规划（2018—2022年）》《中共中国储备粮管理集团有限公司党组巡视工作办法（试行）》及6个配套制度和《中共中国储备粮管理集团有限公司党组关于建立分（子）公司党委巡察制度的意见》正式印发实施。从此，中储粮集团公司系统党组织巡视巡察工作步入了制度化、规范化轨道。党的十八大后，集团公司党组实现了对所有分（子）公司党组织巡视全覆盖。他还组织了党的十九大后集团公司党组第一轮巡视。他和巡视办其他同志探索总结出的"巡视24个不放过""个别谈话21法""查阅账簿9关注""问题底稿制度"等巡视工作方法，具有较强的创新性、针对性和实用性，现在仍不过时。

2017 年 12 月 20 日和 2019 年 8 月 6 日，国务院国资委党委巡视办主任贾春曲、副局级巡视员贺宇先后带队到中储粮集团公司调研，对党组巡视工作给予高度评价，认为在集团公司党组高度重视和坚强领导下，这项工作做得好，特色鲜明，成效显著，很多经验值得推广。2017 年，经集团公司分管领导批准，傅延福先后到中粮集团、五矿集团、国机集团等央企讲课，介绍中储粮巡视工作做法，受到普遍好评。

千磨万击还坚劲，任尔东西南北风

发现问题是巡视工作的生命线，巡视能不能发挥利剑作用，首先在于能不能发现问题、敢不敢披露问题。这是检验一名巡视干部党性原则强不强、对党是否忠诚的试金石。具体到中储粮集团公司，参加巡视的同志都要经受两大考验：一是如何克服熟人环境敢于监督的问题；二是善不善于发现并揭露损害国家利益的问题。对此，傅延福经受住了考验，他以实际行动向集团公司党组递交了一份合格的答卷。

集团公司纪检监察组组长、党组成员欧召大动情地说："傅延福同志的可贵之处就在于他对党和人民的事业无限忠诚，坚持原则、敢于斗争，不怕得罪人。"傅延福常说，党中央、国务院赋予中储粮人守住"大国粮仓"这一重大而特殊的使命，巡视干部必须胸怀全局，增强"四个意识"、坚定"四个自信"、做到"两个维护"，对任何有损于国家法律法规、党纪党规和企业规章制度的言行，要有一种本能的反感和"护法"的冲动。2013 年 12 月，他受命带队巡视山西分公司党组织，打响了中储粮系统党组巡视工作"第一枪"。他按照集团公司党组要求，坚持实事求是、不枉不纵，对苗头性倾向性问题提出严肃批评，对个别不合格的巡视干部提出撤换建议。利剑出鞘，首战生威，在全系统产生了极大震动。在查处河南分公司腐败案件后，集团公司党组经过综合研判，认为黑龙江分公司也可能存在严重的腐败问题，决定由他带队巡视。从 2014 年 4 月 14 日巡视动员会到 2015 年 6 月 9 日反馈巡视情况，历时一年多，他带领巡视组发现了部分库点重大违纪违法问题线索，按照集团公司党组意见移送有关地方检察院查处，并积极配合办案。黑龙江分公司系统性、塌方式腐败案件被查个水落石出，127 人受到党纪政务处分，其中 61 人被追究刑事责任。根据集团公司党组安排，2017 年 2 月 21 日，他带队巡视中储粮物流有限公司原党委，如实披露该公司有关党组织在全面从严治党、从严治企方面存在的突出问题，特别是该公司所属企业与民营企业搞"先收后转"、套取差价和国家补贴等违纪违法问题线索，一起以权谋私、内外勾结，严重侵吞国家和人民利益的腐败案件被"撕开口子""揭开盖子"。党的十九大后，根据集团公司党组安排，他又带队巡视山东分公司和中华粮网党组织。不管巡视哪家分（子）公司党组织，他坚持按政策办事、按制度办事、按规矩办事，一把尺子量到底，发现问题决不遮丑护短，如实向集团公司党组报告。他常对参加巡视的同志说，我们干的就是得罪人的活，肩负党组的信任和重托，如果不得罪极少数腐败分子，就要得罪广大职工群众，必须站稳这一政治立场。

"巡视结论要经得起推敲，办案要办成铁案""只有让被巡视单位党组织信服，巡视才能达到好的效果"，这是他反复向参加巡视的同志强调的。2015年9月7日至11日，傅延福代表集团公司党组延伸巡视辽宁分公司某直属库时，发现该直属库私设"小金库"等重大违纪违法问题线索。然而，时任库主任张某拒不"认账"，声称巡视组"整人"，通过写信等方式，不停地向集团公司党组"喊冤"，要求另派工作组复查。工作组复查不仅肯定了傅延福代表集团公司党组巡视组的结论，而且查出张某更多更严重的问题。近年来，集团公司党组和纪检监察组指派傅延福带队配合地方监察机关、公安机关查办了多起党员领导干部职务犯罪案件，他以坚定的理想信念、严谨的工作态度和忘我的敬业精神，切实发挥利剑作用，赢得了系统内外同志的尊重和信任。

对待本职工作如此，对集团公司党组临时交办的工作任务，傅延福同样严肃认真、一丝不苟，从不敷衍应付。2014年10月他带队开展"四查"督查，2015年4月带队核查辽宁、吉林分公司个别直属企业"以陈顶新"问题，2015年5月带队开展库外储粮检查，2015年7月带队核查某直属库"打白条"问题。每次带队，他都与检查组其他同志一起研究方案，查资料、看凭证、找人谈话，经常通宵达旦地工作，在搞清楚事实真相的基础上客观地得出结论，向集团公司党组提出合理化建议。特别是在协调处理"以陈顶新"问题过程中，他坚持依规依纪处理，既维护制度权威，又尽可能将负面影响降到最低。

在总结党组巡视工作时，傅延福满怀深情地说："我们干的是不受人待见的活，但只要坚持实事求是，客观公正，而且自身过硬，就能得到绝大多数干部群众的信任和支持。"2016年、2017

年年度考评时，他在集团公司本部二级单位正职级干部中得分均名列第一。2018 年"七一"前夕，党组巡视办党支部被集团公司党组授予"先进基层党组织"荣誉称号。

正人先正己，打铁必须自身硬

傅延福出生在浙江一个普通的农民家庭，从小养成了艰苦朴素、勤俭节约的生活习惯。40 多年的职业生涯，他没有因为一时失意就背离初心、丢弃做人做事的原则，也没有因为手中有权就忘乎所以、恣意妄为。"始终保持一名共产党人的本色和底色，无论任何时候在什么环境下都不能搞特殊化。"这是傅延福的人生准则。

在中央八项规定出台之前，傅延福就反对讲排场、比阔气、挥霍浪费，尤其对公款大吃大喝更为反感。在湖北任职期间，由于分公司没有食堂，他平时在湖北省国税局职工食堂就餐。直属库的同志来分公司汇报工作，赶上饭点，他就带他们一起去湖北省国税局职工食堂用餐。有时需要安排公务用餐和商务接待，他也坚持以吃饱吃好不浪费为原则。

辽宁分公司一些直属企业有自己的小果园、小菜园。2015 年八九月间，傅延福带队巡视时正赶上瓜果飘香的季节。他指着院子里结着累累果实的苹果树，对巡视组同志讲起了革命传统故事：1948 年辽沈战役期间，正是苹果成熟的季节，锦州、兴城、绥中等地盛产苹果，但四野政委罗荣桓要求部队指战员保证不吃老百姓一个苹果，连掉在地上的都不能吃，这是一条纪律。毛泽东同志对此大加赞许，认为"不吃是高尚的，而吃了是很卑鄙的，因为这是人民的苹果"。傅延福用这个故事教育身边的同志要加强纪律性，保持公私分明、艰苦奋斗的革命本色。同行的巡视人员深受教育，纷纷表示要学习人民军队"不拿群众一针一线"，严格遵守巡视工作纪律。

2016年9月，傅延福带队巡视油脂公司党委，下沉检查成都基地。到宾馆入住后，他发现安排给自己的房间是一个小套间。接待单位工作人员介绍，宾馆的标准间不够，但可以将小套间按标准间价格结算，不增加费用。他严肃指出，这不是钱的事，住宿标准包括费用标准和房型标准；再说与巡视组其他同志同吃、同住、同干活是他多年的工作习惯。在他一再坚持下，宾馆最终找到其他客

2016年9月，傅延福（前左一）带队巡视油脂公司党委期间到一线了解情况

2017 年 12 月，傅延福（右一）带队巡视山东分公司党组期间看望慰问困难党员

人，调出了一个标准间安排傅延福住。这时他才笑着说："这样我睡得才踏实。"傅延福主动降低履职待遇是常有的事。巡视期间经常要多地频繁来往，他为了与工作人员多交流，就跟大家一起乘坐高铁二等座。

党的十八大前，不少基层单位的同志总觉得，上级领导来了，不陪同不陪餐显得不热情不尊重。傅延福每到一地巡视，事先都立下规矩，要求被巡视单位党组织负责人"非请勿到""保持距离"，谢绝被巡视单位领导的陪同陪餐安排。有时，为了犒劳巡视工作人员，他自掏腰包，适当改善一下大家的伙食，调剂一下紧张的工作节奏。

傅延福经常说："我们是搞监督工作的，背后会有很多双眼睛盯着我们。如果自身不过硬，经不起诱惑和考验，不仅自己要栽跟斗，而且会损害集团公司党组的形象和威信。"在这个问题上，他始终是清醒的。即便是他本人如此严格自律，仍然招来一些闲言碎语，甚至是捕风捉影、恶意中伤的诬告。对此，他很坦然——身正不怕影子斜。

无情未必真豪杰，怜子如何不丈夫

傅延福满脑子装着工作，始终保持"赶考"的心态和"冲锋"的姿态，不到病倒的时候决不离开工作岗位。2011年9月，湖北分公司遇到了一件棘手的事情。一个基层地方政府以抓人相要挟，逼分公司让出2000吨国家临储菜籽油。为维护国家和企业利益，傅延福和分公司班子其他成员多次向湖北省委省政府及有关部门、地方法院、集团公司相关部门反映。在高强度工作和巨大精神压力下，当年9月底他发现自己便血。为不影响工作，他坚持在武汉就诊，每次检查或输液结束后就回到分公司办公。这期间，他仍坚持带病出差。11月9日，他到三亚参加集团公司部门会议期间，别人都穿短袖上衣，他却因病情穿着厚厚的夹克衫。时任福建分公司党组书记、总经理陈佐立关切地叮嘱他千万注意身体。说归说，他还是一心扑在工作上。在带队巡视黑龙江分公司期间，工作压力很大，精神高度紧张，他头部出现溃烂，治疗2个多月才痊愈。2019年10月，在配合地方监委工作时，由于经常加班熬夜，用眼过度，眼睛模糊看不清东西。地方监委领导亲自联系医院，冒着大雪陪他到医院检查。医生叮嘱，这个病没有别的办法，只能多休息调养，可他坚持工作到腊月二十五才返京休息。

　　在事业和亲情之间，有时必须作出艰难的选择。2007年7月，吉林分公司本部为榆树直属企业一名姓陈的员工捐款，帮助其筹集治儿子病的钱。在党群工作部工作的傅延福得知这一情况后，立即向分管领导请示在本部组织捐款，并抓紧调查研究，主持起草了公司系统特困员工帮扶办法，确保有困难的员工及家属看得起病、孩子上得起学、过上体面有尊严的生活。过惯清苦日子的傅延福，深知赶紧出台这个办法的现实意义。2008年6月初，傅延福的父亲病危，弟弟多次打电话催他回去与父亲见上最后一面。为将集团公司系统特困员工帮扶办法及早提交审议，6月22日（周日），他还在办公室和有关处室的同志作进一步讨论修改。他坚持把工作做完，第二天乘早班飞机回老家。等他赶到家时，老父亲已带着遗憾离开了人世。每当提起这段往事，傅延福总觉得亏欠父母太多，禁不住哽咽落泪。30多年前，傅延福的妻子生小孩时落下病，2016年7月又因一起被人追尾的交通事故受了重伤，生活自理出现困难。但自2010年10月傅延福从北京被调到湖北工作，2013年10月回京后又经常在京外巡视，无法照顾妻子，没办法只能委托妻姐隔三岔五地帮助照料。现已退休的他，终于可以一心一意地照顾妻子了。

　　回望自己的职业生涯，傅延福毫无遗憾地说："我没有虚度这几十年的年华，也没有因碌碌无为而遗憾，我已经把我的全部精力都献给了中储粮事业……"

　　（执笔：杨树忠，中储粮黑龙江分公司党委常委、纪委书记。）

此文采写于2020年4月30日

一个爱较真的人

——记中储粮集团公司党组巡视办原副主任、
巡视组组长李祝春

　　熟悉李祝春的人都知道他是出了名的大嗓门、急脾气。那些跟他相处过的同事、亲友，都深知他待人"真性情"，工作"认死理"。这种坚持原则、对事不对人的工作态度，让他得罪过人、吃过亏，但收获更多的是赞誉和钦佩。2020年3月，李祝春从集团公司党组巡视办副主任、巡视组组长岗位上光荣退休。他把整个职业生涯

都奉献给了中储粮事业，成绩和荣誉的背后，凝结了他特别认真和爱较真的辛勤付出。

寒窗苦读结"粮"缘，脚踏实地探新路

李祝春出生在产粮大省江苏，祖辈都以种粮为业。生于 20 世纪 60 年代的他经常忍饥挨饿，从小便对粮食有一种强烈的渴望。上学后，他好学上进、不畏艰辛，历经三次高考终于如愿考上了大学。1984 年大学毕业时，李祝春被原商业部选调进京，安排在粮食综合司工作，从此他的职业生涯都与粮食储备工作密不可分。参加工作的第一年，李祝春和同事们经过数百个日夜编程调试，成功研发了国内粮食统计领域第一套由电子计算机生成的统计报表系统，并逐步推广运用，使全国粮食统计战线的同事们逐步告别了"算盘时代"。之后，由他主编的《粮食统计与计算机程序》成了全国粮食统计战线的培训教材。1989 年 10 月，根据组织安排，李祝春与原商业部有关司局 15 名干部一起被抽调参与原国家粮食储备局筹建工作，探索建立新的国家粮食储备体制机制。那段时间里，大家集中在临时借用的会议室内紧张有序地办公、激情澎湃地议事，查资料、定制度，跑编制、搞调研，不知疲倦地工作。其间，李祝春负责专储粮计划统计、仓储调运、库存管理等业务制度的拟定，多次参与国务院有关领导同志、原商业部和原国家粮食储备局有关国家专项储备粮工作会议重要文件资料的起草工作。他撰写的《中外粮食储备政策的对比之研究》荣获原商业部优秀论文奖。

这些宝贵的工作经历，使得李祝春对粮食储备购销业务有了全

国家粮食储备局成立之初李祝春（前排右一）和同事们合影留念

面了解，为他日后工作中应对各种困难挑战打下了坚实基础。1991年夏季，长江中下游地区突发洪涝灾害，动用国家专项储备粮救灾被提上议事日程，时任国家粮食储备局管理司计划统计处副处长的李祝春已经连续多日工作到深夜。7月8日，李祝春刚下班回到家，突然接到局领导打来的电话，他顾不上吃晚饭就立即返回办公室。是夜，国务院有关领导同志向国家粮食储备局作出指示，要求原国家粮食储备局连夜组织启动专储粮抛售工作、起草抛售电文，在一个小时内呈送中央领导同志。接到命令后，李祝春等人立刻进入战斗状态，一边详细了解粮源地的数量质量等情况，一边组织起草国务院《明传电报》。这是原国家粮食储备局成立后首次动用国家专项储备粮，内部流程与制度尚不完善。他边干边学边请示，落实粮源与起草电文工作均在半小时内完成。经领导审签后，他按要求及时将电文起草件送至中南海国务院办公厅值班室。次日凌晨，"中央决定抛售 5 亿斤国家专项储备粮用于安徽救灾"等消息出现在各大主流媒体，起到了稳定民心、平抑粮价的重要作用。1992 年，为解决东北专储玉米库存多、国内专储小麦数量少的问题，李祝春负责办理原国家粮食储备局与中粮进出口总公司成立联合经营体、开展内外贸合作等具体事宜，落实原国家粮食储备局联合原外贸部起草的"联营报告"，并如期呈报国务院有关领导同志。1992 年 4 月24 日，国务院研究制定《关于国家专项储备粮进出口实行内外贸联营问题的批复》后，李祝春组织落实了"出口辽宁辖区 46 万吨专储玉米、串换进口美国 40 万吨小麦进入专储"等特殊任务，按1∶1.15 的比例玉米串换小麦，采取易货贸易、互不结算、进入专项调节的方式运作，使国家储备粮既实现了保本增值，又调剂了余缺，优化了品种结构。1995 年，因国内粮食大幅度减产、供应紧张，各类进口粮食数量激增。受贸易条件限制，部分港口出现了压船压港现象，相关部门压力大、社会关注度高，时任国务院总理亲自过问。当时，原国家粮食储备局负责所有进口粮船的排船排港工作。为有效解决压船压港问题，作为原国家粮食储备局首任进出口处处长的李祝春，积极协调原国家经贸委、原交通部、原铁道部、原国家计委等部门，提出并建议坚持每月 3 次"五部委旬度调度会"制度。同时，他带领进出口团队成员持续奔波在全国 13 个进口粮接卸口岸，开辟临时码头输港运粮，对接用粮单位调船转港，成功解决了新中国成立以来第一次大规模粮食压船压港问题。1997 年，国内粮食产量实现大丰收、库存压力逐步加大。为进一步扩大出口，应对亚洲金融危机，1998 年 8 月，李祝春作为中国政府经贸代表团主要成员之一，随团出访日本、韩国、菲律宾，为促成向三国出口数百万吨储备玉米、缓解国内库存压力作出了积极贡献。

2000 年 5 月，中储粮集团公司成立后，李祝春被调任资产管理部副部长，主要负责资产登记、闲置资产盘活、利息清算等工作。集团公司刚成立时，绝大部分国债投资新建及扩建的直属库资产仍然在地方企业。只有把资产登记上来、把直属库收上来，中储粮集团公司才能真正实现垂直管理、集中管控。李祝春带领资产管理团队多次深入基层企业调研、广泛听取意见，提出了"抓住重点，兼顾一般；成熟一批，登记一批"的资产管理工作新思路。得到集团公司时任领导同意后，资产管理部分批次启动了 251 个直属库、289 个非直属企业的产权登记和资产管理工作，为集团公司日后的国债资产上收奠定了坚实基础。2008 年 7 月到 2012 年 9 月，李祝春担任集团公司审计监察部副部长、党组纪检组成员并兼任纪检组办公室主任。其间，他注重以制度建设为抓手，积极构建惩治与预防体系；推动建立了六大区特派员派驻制度，完善特派员异地交流任职、季度集中述职及考核奖惩等办法。李祝春常说，在审计监察部和党组纪检组工作的 4 年时间，是他职业生涯中最难忘的时期，这段工作经历告诉他，要时刻敬畏制度，始终洁身自好，保持警钟长鸣，做到廉洁从业。

八闽大地察粮情，一张蓝图绘到底

2014 年 5 月，中储粮集团公司党组决定派李祝春担任福建分公司党组书记、总经理。福建省人多地少，素有"八山一水一分田"

之称，省内粮食自给率不足全国平均水平的一半，粮食安全形势十分严峻。

　　福建省每年都需要从其他省份和海外市场大量调运、进口粮食。福建自身独特的地域特性和高温高湿环境，大大增加了粮食保管的难度，而当时福建省内的粮食储备设施大都陈旧老化，储备技术也相对落后，达不到"确保粮食安全"的要求。为了改变这一局面，在集团公司的大力支持下，李祝春从战略层面思考、从顶层设计着手，加之福建省委、省政府高度重视粮食流通与粮食安全，他多次向主管粮食工作的时任福建省副省长陈荣凯同志汇报工作，并奔波京闽两地间协调联络。2014 年 6 月，福建省政府与中储粮集团公司签署了战略合作框架协议。这是福建分公司成立 13 年来第一份省级层面的战略合作协议，为福建分公司持续发展和确保福建

李祝春（右一）到直属库检查粮情

粮食安全定准了位、起好了步，为中储粮集团公司积极主动融入福建经济社会发展做好了顶层设计、争取了政策支持。

建设在闽江支流富屯溪堤坝上的邵武粮库，在计划经济时期依托鹰厦铁路，曾一度是福建省内最大的粮食中转库。1998 年国债建库上收中储粮集团公司后，由于"三项制度"改革不彻底，逐渐成为全系统有名的人浮于事、管理松懈、问题成堆、信访不断的直属库。该库 2.5 万吨平房仓项目原计划于 2013 年开工，但由于种种原因未能付诸实施。为了凑齐"人头费"，邵武直属库的领导想尽了办法，15.8 万吨原有仓容早已饱和，因此不得不在库外开辟 10 多个代储点。由于代储点多、仓房条件差、保管难度大，隐患问题不断，建仓、扩容、撤点是解决邵武直属库储粮安全问题隐患的根本之策。李祝春清醒地认识到，不仅要全面彻底地解决邵武直属库的历史遗留问题，还要通过改革发展使其实现持续发展。如果在邵武直属库仅有的 15 亩地上再建 2.5 万吨平房仓，今后再也没有发展空间了，势必会影响直属库的持续发展。为此，他顶住各方面压力，做通了分公司其他领导班子成员和邵武直属库经营管理人员的思想工作，后经集体研究，决定将邵武直属库原计划的 2.5 万吨平房仓调整为占地少、集成度高的浅圆仓。这样一来，可以在有限的土地资源上将 2.5 万吨平房仓改建为 7.5 万吨浅圆仓。结合邵武直属库实际情况，李祝春要求"统一设计、分期施工"，一期改建的 2.5 万吨浅圆仓立即报集团公司批准，预留的二期 5 万吨浅圆仓建设用地，待邵武直属库有收益时再另行报批续建。令人欣喜的是，时隔两个月后的 2014 年 8 月，国家正式公布了 1000 亿斤粮仓建设计划。他带领中储粮福建分公司建仓团队争分夺秒抢抓机遇，在集团公司领导的关心和相关部门的大力支持下，从 2014 年下半年开始，集团公司分 3 批次、5 个库点，安排福建分公司新建仓容 65 万吨，占原已有仓容的 60%，其中邵武直属库二期 5 万吨浅圆仓也得以与一期建设项目同步施工。此后，邵武直属库的干部员工们算了一笔账，2.5 万吨平房仓调整为 7.5 万吨的浅圆仓，不仅土地增值了数倍，且以 50 年计，投资收益预计增值 2.9 亿余元。仓容问题的解决让邵武直属库的广大干部员工吃下一颗"定心丸"。之后，分公司在邵武直属库成功进行了全面深入的"三项制度"改革。经过改革，邵武直属库浴火重生，能者上庸者下、强素质抓发展蔚然成风，不断涌现出吴文强等多位创新型技术能手。

建仓期间，最高峰时福建分公司所辖 7 个直属库中有 5 个直属库同时开工建设，其中 4 个直属库都是在现有粮库库内建设，现场

李祝春（左一）到建仓施工一线检查指导工作

作业空间有限、日常生产与项目建设同步进行，极易发生安全生产事故。为保证工程质量和施工安全，福建分公司 3 位领导班子成员作为"点长"驻库蹲点、分片包干，"四不两直"成了工作常态。李祝春负责牵头协调厦门直属库由厦门岛内的国际邮轮码头"退城进郊"、异地搬迁到岛外的海沧区码头。中央储备粮库整体搬迁、异地重建工程涉及面广、程序复杂、手续繁多，是一项极为复杂的建设工程。福建分公司从 2014 年开始与政府进行多轮协商并最终达成协议，厦门直属库库区占地面积由 30 亩增至 100 亩，仓容由 15 万吨增至 20 万吨，改变了过去环境差、设施落后的面貌，逐步转变为科技储粮先进企业。

建仓期间，福建分公司一线干部员工 24 小时轮流"旁站"、监督施工与监理单位、减少"跑冒滴漏"，通过紧盯工程建设关键环节和廉洁教育，建仓工程实际使用资金 7.78 亿元，相比集团公司批复的 10 亿元总投资预算节约了 2.22 亿元。节约的建仓资金就是从一根根桩基、一个个零部件、一座座浅圆仓等隐形工程中节省出来的。

面对国家财政支持的大规模政策性项目建设，李祝春始终保持着清醒的头脑。为防止"粮库建成了，人员倒下了"的悲剧发生，他始终将施工安全与质量安全、干部监督与廉洁经营放在重要位置，制定了项目建设廉洁自律承诺书。他和分公司领导带头在承诺书上签字，向集团公司党组纪检组公开作出"十不"廉洁承诺，在施工现场显著位置予以公示，自觉接受施工、监理、审计单位及内部干部员工的全方位监督。新华社福建分社以《全面从严治党新格局》为题，专门报道了福建分公司党风廉政建设的成效和做法。

回想起在福建工作的那些日子，李祝春最难忘的就是这段建仓的经历。他动情地说道："福建分公司仓容扩建过程，充分体现了一线干部员工对党忠诚、对事业高度负责的精神。他们近 500 个日日夜夜无怨无悔战斗在建筑工地，有的早上四五点就起床，与施工单位一起摸爬滚打，有的磨破了几十双鞋、穿烂了十几套衣服。由于长期在室外劳作，一些在现场监督的干部员工每天都要从临时搭建的钢管施工梯爬上爬下几十次，有的同志腿脚受伤，有的同志膝盖留下了后遗症。正是因为有了这些不嫌脏、不怕累、敢吃苦、敢担当、具有奉献精神的同志，才使得如此大规模的建仓工程安全顺利、高效廉洁、如期圆满完成。"经过 3 年多的持续努力，截至 2017 年下半年，福建分公司新增近 70% 的现代化、智能化新型"浅圆仓"陆续投入使用，其中 2009 年新建的长乐直属库，一改长期没有围墙、库里杂草丛生、周边环境差、留不住人的被动局面，成为东南沿海规模最大、设施设备最齐全、自动化程度最高、科技储粮技术最先进的现代化智能化中央储备粮库。

在福建工作期间，李祝春还担任福建省政协人口资源环境委员会副主任委员。2013 年 1 月，在省政协十一届一次会议上，他结合福建省粮食安全现状和分公司工作实际，提交了"关于研究制定福建省'粮安工程'行动方案"的提案，引起了省领导的高度重视，被省政协正式立案，并得到了省农业厅、省粮食局等有关部门的重视和关注。李祝春与福建省政协人口资源环境委的同事们一起努力，通过政协提案、专题调研、专题协商等渠道，在不同场合反复呼吁推进福建"粮安工程"建设。同时，通过政协联系各层级、协调各方面的优势，把推进福建"粮安工程"、维护国家粮食安全作为"再上新台阶，建设新福建"的切入点，主动献言献策，推动国家粮食安全在福建全省落实落地。2019 年，为庆祝新中国和人民政协成立 70 周年，福建省政协收集整理 70 年来对福建社会经济发展作出突出贡献的 83 件典型事例，编辑出版了《一路同行——庆祝人民政协成立 70 周年》一书，其中专门报道了李祝春为福建粮食工作发展和安全作出的重要贡献，介绍了他在福建工作期间履职尽责、建仓护粮、确保粮食安全等方面的事迹。

千磨万击还坚劲，任尔东西南北风

2017 年 9 月，因工作需要，集团公司党组决定调李祝春到集团公司党组巡视办工作，任副主任、巡视组组长。巡视工作繁重辛苦，而且还容易得罪人。但对于组织的决定，李祝春没有任何怨言和犹豫，坚决服从集团公司党组的安排。

到任后，面对专业能力上的不足，李祝春认真学习习近平总书记对巡视工作的系列重要讲话精神和中央巡视相关规章制度，积极参加中央巡视办组织的专题培训，虚心向身边人请教开展巡视工作的办法和技能，很快完成了从分公司"一把手"向巡视组组长的角色转换。调研中，李祝春发现大家反映最多的问题就是巡视报告定性不准、质量不高、没有突出政治巡视等要求。究其原因，主要是以往巡视组的组成人员少、大部分是基层直属库业务人员，没有分公司层面的管理经验，巡视报告中就事论事、以点概面的多，没有处理好政治巡视与业务检查的关系。为此，李祝春注重在巡视工作中牢牢把握实践探索在前、总结提炼在后，实践探索在哪里、制度建设就跟进到哪里的要求，使巡视工作制度更加科学、有效。2018

李祝春在中储粮集团公司党组巡视工作会议上讲话

年上半年，在巡视办主任傅延福配合山西省监委查办案件期间，李祝春临时受命主持党组巡视办工作，负责组织制定"党的十九大后集团公司党组第一轮巡视工作方案"。在集团公司党组主要负责同志和分管负责同志的大力支持下，李祝春大胆改革巡视工作机制、完善巡视工作制度，使每个巡视组人员由以往的 5 到 6 人增加到 12 人，时间由以往的 1 个月增加到 2 个月，且时间服从质量；择优遴选巡视组副组长、联络员，把具有分公司管理经验的政治过硬、本领高强的同志充实到巡视组。他注重巡前培训，并就"如何处理好政治巡视与业务检查的关系"与巡视组的同志们深入交流，增强政治巡视的针对性；强化巡中监督，制定巡视工作纪律，签订保密承诺书，坚持组务会议集体研究制度，避免就事论事、以点概面、定性不准问题的发生；关注巡后管理，兑现保密承诺要求，移交并清理自管自用的所有文件资料，按照内部考核与评优办法，对所有参巡组员作出工作鉴定并向所在单位党组织推介。通过制度创新和方式方法创新，进一步夯实了巡视工作基础，确保巡视工作在制度框架内规范运行。

李祝春深知，只有跟问题"过不去"，对违纪违法问题"敢较真"，才能提升巡视工作质效。巡视期间，李祝春不看来头、不看脸色，敢于动真碰硬，只唯实、只唯真。2018年8月，李祝春带领集团公司党组巡视组进驻北方公司开展巡视工作时，看到在北方公司院内有一个塔吊正在进行施工作业，凭借在福建工作时经常检查项目工地积累的经验，他发现这个工地存在不少安全隐患，且从基础、基桩来看，工程量还不小。直觉告诉他，这件事必须引起重视、查个究竟。他马上组织巡视组成员深入了解情况，结果发现这里在违规进行高层商业住宅开发，且已经开始对外预售了。经过深入细致调查，巡视组发现这个项目既没有获得施工许可证，也没有经集团公司核准批复。李祝春意识到事态严重，立刻向集团公司有关领导作了汇报。那时，党的十九大后中央第一轮巡视集团公司刚刚结束，集团公司正在按照中央巡视组反馈意见要求整改。在这样的敏感时期，如果北方公司出现什么问题，将会对中储粮这个金字招牌造成严重负面影响。集团公司纪检监察组主要负责同志接到巡视组的汇报后高度重视，及时向集团公司党组主要负责同志进行报告，之后党组研究决定按程序把这一重大问题线索提前移交给纪检监察组调查处理。由于发现及时、行动迅速，这个重大风险隐患最终得以消除在萌芽状态。

巡视工作要求高、任务重，加班加点、超负荷工作是常态，加之组织纪律要求严，巡视组成员往往长时间驻在被巡视单位，一连几个月跟家人见不上面。2017 年巡视期间，巡视组人员对某直属库进行"四不两直"检查，当要求直属库工作人员打开保险柜进行检查时，才知道那天是周末，管理保险柜的人没有上班。这本是一件平常不过的小事，但某些别有用心的人却动起了歪心思，过后竟然传出巡视组工作人员工作方式粗暴，强行破拆保险柜的谣言。这些谣言传到了巡视组组长李祝春耳朵里，他泰然自若地对身边工作人员说："我们是纪律部队，有严格的组织纪律。我相信我们的组员是不会做出这种事的。"果然，不久后谣言就不攻自破了。因为巡视组成员都经过严格的组织培训，当时在现场的成员得知保险柜无法打开后，便立即在上面贴了封条，并拍照留证。李祝春经常告诫身边工作人员，巡视工作不好干，容易得罪人，我们一定要注意工作方式和态度，时刻把纪律挺在前面。只有以铁的纪律严格要求自己，巡视工作才能让集团公司党组满意，让被巡视单位党组织服气。

在巡视期间，李祝春坚持做到和组内成员同吃同住，从不搞特殊化。他经常和组内成员一样看资料、翻凭证、查线索，还自己花钱改善同志们的伙食。在修改完善巡视报告时，由于时间紧任务重，李祝春连续几天吃住在集团公司办公楼里，查阅底稿、修改报告，不知不觉就熬到了深夜。有人劝他："你年纪大了，也快退休了，不要这么拼了。"李祝春说："作为组长，我更要把好最后一道关。这既是对集团公司党组负责，也是对被巡视单位党组织负责。"

2020 年 3 月，正值新冠肺炎疫情暴发，李祝春退休时，单位没有举行隆重的仪式，也没有热烈的欢送场面，他无法和一起战斗

李祝春（前排中）和巡视组同志一起研究工作

过的同志们道一声珍重。回顾自己的职业生涯，他始终感恩组织的培养，感谢同志们给予的帮助和支持。他说："工作 36 年来，自己做了几件事，但每一件事成功的背后都有着强有力的团队力量支撑，都有着上级领导的支持和关怀。"对于这些，他始终常怀感恩之心，感恩组织提供的舞台、感恩团队的无私帮助。退休后，李祝春一直在老家照料常年多病的父亲，直到老人家去世。多年来他一直在外地工作，母亲过世、岳父逝世，他都没有在身边尽孝。能够陪伴在老父亲身边并送他老人家最后一程，使李祝春心里感到宽慰。

20 年来，李祝春与中储粮集团公司一同成长、进步。无论是在集团公司本部还是在分公司，无论是顺境还是逆境，李祝春始终兢兢业业、任劳任怨。时光荏苒，岁月如歌。他把最美好的年华、最旺盛的斗志都献给了中储粮事业。作为一名老共产党员，他不忘初心使命，做到了忠诚干净担当；作为一名中储粮人，他做到了恪尽职守、甘于奉献；作为纪律部队中的一员，他无愧于忠诚卫士这个光荣称号。

（执笔：杨赞，中储粮集团公司纪检监察组综合室副主任；刘克法，中储粮集团公司党组巡视办干部。）

此文采写于 2020 年 12 月 30 日

永不停歇的"拓荒牛"

——记中储粮"老兵"、东北综合产业基地原负责人邓浩田

2018 年 12 月 26 日，中储粮东北综合产业基地顺利建成并交付使用。2019 年 1 月，基地项目建设负责人、已"超期服役"3年多的中储粮"老兵"邓浩田光荣退休。东北产业基地这艘中储粮系统的"巨型航母"得以问世，在 1000 多个日日夜夜里，邓浩田倾注了无数心血与艰辛，对产业基地的每一栋粮仓、每一套设备、每一条道路他都知道……

提起邓浩田，大家都会情不自禁地想到"新沙文化""油脂品牌"和"盘锦新篇"，这是他几十年如一日，为国家、为人民、为中储粮事业无私奉献的最好诠释。

创业维艰，不用扬鞭自奋蹄

邓浩田，1955 年出生于广东省东莞市一个农民家庭，1980 年中专毕业后被分配到广东省粮食厅工作，从此与粮食结下了不解之缘。他在粮食行业默默付出、辛勤耕耘近 40 年，付出了自己的全部心血、智慧和汗水。40 年间，他的足迹遍布华南、沿海、沿江、京畿和东北大地渤海之滨。

1980 年，中国改革开放刚刚起步，邓浩田满腔热忱投身广东粮食体制和企业改革大潮中，一干就是 20 年。他好学上进，利用业余时间学专业、上夜校，先后考取了经济师、会计师，20 年的历练也让他成为一名搞基建、管项目的行家里手，并在行业内崭露头角，年纪轻轻就成为广东省原粮食厅基建处和物建公司的主要负责人。2000 年，中储粮总公司成立。在很多人都认为中储粮这个新成立的企业前途未卜的情况下，邓浩田却铆足了劲儿，准备"大干一场"，主动要求到新成立的中储粮去"拓荒"。邓浩田被调到中储粮广州分公司任副总经理后，带领辖区仓储工作者反复实践，探索出机械通风、环流熏蒸、电子测温、谷物冷却"四合一"储粮技术，被业内普遍认可并推广应用，为粮食储藏事业尤其是高温高湿地区的安全储粮发挥着重要作用。而邓浩田最为人称道的，则是他牵头在一片蕉林荒滩上一手创建的新沙港直属库，现已成为仓容近 50 万吨、年中转能力 200 万吨、年购销量超过 50 万吨、年净利润数千万元的行业内明星企业，岭南地区一个高效率的粮食物流平台。功成名就后，邓浩田却悄然辞去了粮库主任职务。或许有人不太明白个中缘由，其实对他这个"拓荒牛"而言，这是常态：一块荒地耕熟后，另一块荒地又等着他去开垦，这就是中储粮从无到有的油脂品牌的诞生。

2007 年，邓浩田带领团队积极谋划，收购了中盛东莞油脂公司，通过精耕细作完成了企业整合和经营管理体制的创建，为中储粮在油脂产业的拓展积累了宝贵经验。2008 年，中储粮成立油脂公司，邓浩田被调往油脂公司任副总经理，负责油脂产业体系规划、项目建设、生产管理。油脂公司运营初期，多基地多项目同时建设，基于对邓浩田人品和能力的信任，组织上让他兼任东莞、镇江、日照基地和天津物流、香港公司的董事长。他二话不说，把这一摞重担都担起来，而且这一担就是 5 年，把自己的心血和智慧都倾注到中储粮油脂产业体系建设上。时至今日，中储粮油脂公司产能、效益、管理都已进入我国食用油脂生产企业的前列，成为国家油脂市场调控的主力军。

2015 年，中储粮集团公司决定在盘锦建设一个集储备、物流、加工为一体的大型综合性产业基地。该项目投资之巨、产能之大、设备之先进、工艺之复杂、建设和营运管理之困难、调控市场意义之重大，在中储粮历史乃至中国粮油工程建设史上都是前所未有的。集团公司党组反复考量，决定让邓浩田来挑这副重担。就这样，这头拓荒牛又在一片新的荒地上筚路蓝缕、披荆斩棘，又默默耕耘了 3 个春秋，直至项目傲然矗立在辽东湾的广袤大地上。

邓浩田和他的团队刚到辽东湾新区时，生活配套设施还十分简陋，租住的地方周边都是泥泞小路，也没有一家像样的超市，没有理发店。每到周末，大家只能三五成群组团去30公里开外的营口采购生活用品，顺便理个发。他们还要克服两个困难：一是冬天的冷。盘锦地处辽河冲积平原，是辽宁地区的风口，一年四季风都非常大，特别是冬季，近零下20摄氏度的低温，再加上凛冽的寒风，人在户外待几分钟就会感到彻骨寒冷。二是夏天的蚊子。新区水系发达，水草、芦苇丰茂，特别适合蚊虫繁殖，进入夏天，经常都会有好几十只蚊子同时向你发起攻击，既痛又痒难以忍受。就是在这样艰苦的环境中，邓浩田带领着他的二十几个"兄弟姐妹"同吃同住同劳动，"5+2""白加黑"，用3年时间如期完成了工程建设任务并顺利交付使用，这在同行业工程领域堪称奇迹！个中艰辛，只有邓浩田和他的"兄弟姐妹"们才能切身体会。

邓浩田在观望动工前的东北基地

东北基地项目建成后的鸟瞰图

　　3年来，邓浩田除了开会、听汇报之外，坚持每周全面巡查一次工地。无论寒冬酷暑，无论刮风下雨，坚持不辍。严寒中他要去，因为他害怕施工单位为了节省成本，冬季施工措施落实不到位，留下质量隐患；酷暑中他要去，因为他惦记艰苦环境下坚守岗位的项目建设人员；暴雨中他要去，因为他要趁着下雨检查各标段的防水、排水情况；大风中他要去，因为他害怕现场安全监督不到位，出现安全事故。3年来，五六十米高的输送栈桥、十几米深的地下基坑，边边角角、每个地方都留下了他的脚印。3年来，现场的施工人员也都熟悉了这个个子不高、留着平头，时而和蔼、时而严厉的老头；3年来，他几乎一心扑在工作上，每年回家不超过3次；3年来，他的身体在重压之下出现了很多毛病，高血压、颈椎病……医生多次劝他住院调养，可他没有在意。3年的时间很短，因为有太多的工作要做；3年的时间很长，因为每一天都备尝艰辛。3年来，邓浩田带领着东北项目办全体干部员工，面对艰苦工作环境和繁重建设任务，坚守对党忠诚、敢作敢为、清正廉洁的誓言和承诺，以"咬定青山不放松"的毅力和"敢教日月换新天"的感召力，紧盯投产目标和节点工期，出色地完成了东北基地建设这一艰巨任务。

像这样的干事创业经历，邓浩田经历过多次，每一次，他都把组织的要求和事业的需要作为自己的唯一选择。他就是这样的"拓荒牛"，几十年如一日，以对党和人民的忠诚、对中储粮事业的忠诚，不断开辟出一片片令人惊叹的绿洲。

深谋远虑，把握局势图发展

邓浩田既是一头脚踏实地、埋头苦干的"拓荒牛"，又是一匹视野开阔、足智多谋的千里马。他长期在生产经营一线奋斗，懂实情、重实践、作风务实，分析问题见解独到，解决问题屡出奇招，谋划大局举重若轻。

几十年来，邓浩田在哪个企业当主要领导，哪个企业业务就大发展，效益就上新台阶。这在很大程度上得益于他的战略思维和长远眼光。

21世纪初，中国食用油已经大量依赖进口，尤其是大豆和豆油，进口量占总量超过50%，而且逐年攀升。与此同时，外资企业利用其规模和管理优势挤压国内其他企业，致使几大外企在食用油市场上形成垄断之势，对中国食用油安全是不利的。邓浩田对此现象十分关注，经常分析研究。他认为，国家为了应对油料生产国的制约，会大幅增加大豆、豆油的储备，为抑制外资企业对食用油市场的垄断，会鼓励超大型国有企业进入豆油生产行业，中储粮面临新的机遇和挑战。

2005 年，国际食用油脂市场动荡，产品价格持续下滑后进入历史低位。跟踪市场观察数年的邓浩田敏锐地意识到时机已到，于是在邓浩田的建议下，广州分公司决策层下决心收购了外资企业中盛东莞油脂公司。在收购时点选择上，邓浩田瞄准收购标的经营特别困难、资金面临断链之际，以低于净资产 16% 的价格，买到一个崭新的现代化油脂加工基地。实践证明，这次收购堪称一次成功抄底的"神操作"。收购后市场形势一路好转，当年扭亏为盈，次年盈利 4000 多万元，净资产收益率高达 45%，仅用了 3 年时间就收回了收购成本。之后，年年盈利数千万元甚至过亿元，到 2013 年累计利润超过 10 亿元。

2008 年，邓浩田被调任油脂公司副总经理。他深入调研中国油脂油料市场的发展状况，认为中储粮建设油脂加工产业体系将大有作为。上任伊始就主动向当时油脂公司党委主要负责同志提出搞油脂产业体系建设规划，并向总公司党组提交了以东莞、镇江、日照基地为主要支撑点的油脂公司五年产业体系建设规划。由于当时中储粮财力有限，自有资金无法满足油脂产业体系建设约 70 亿元的资金需求，一些干部对建设方案产生了怀疑，甚至有人提出不要搞了。但是，邓浩田看得很远，他一方面多方解释消除大家的顾虑，一方面反复琢磨完善建设规划。机会总是眷顾有准备的人。当年底，恰遇国家启动 4 万亿国债投资计划。由于中储粮油脂产业体系建设规划内容全面系统、专业化水平高，且契合国家国债投资要求，得到了国家发改委组织的专家评审组的高度评价和充分认可。当年安排全国经贸系统 10 亿元投资补助，油脂公司获得近 7 亿元的补助。2009 年，油脂公司规划的新郑、唐山基地也相继开工建设，后又获得了更多的国债投资补助，为油脂公司产业体系建设打下了坚实基础。如今，中储粮油脂产业体系已经建成。油脂公司成立 10 年来，累计盈利超过 100 亿元，中国食用油脂安全更有保障。

谋划建设东北基地也是一个艰难复杂的过程。邓浩田带领调研组用近半年时间，走访渤海湾北部各港口，与东北三省和内蒙古自治区的有关政府部门座谈，拜访中国饲料行业协会以及中粮、温氏、新希望等全国饲料养殖大型企业集团，实地考察大连九三等 20 多家油脂、饲料加工企业，准确研判东北地区粮食生产、物流及油脂油料产业现状及未来发展趋势。在深入调研的基础上，最终选择依托渤海湾北部盘锦港建设一个集仓储、物流及加工于一体的综合产业基地，三者相互支撑。项目既能弥补中储粮油脂加工产业体系在东北地区的空白，又能建立一个综合性的物流平台，拓宽中储粮"北粮南运"通道，发展前景广阔。中储粮东北综合产业基地的建成，一个占地 1700 亩、一期投资就超过 40 亿元的行业"巨无霸"诞生了。这个项目，无论从选址、规划还是建设管理模式的确立，都凝聚了邓浩田和他的同事们的心血、智慧和汗水。

在长期的工作实践中，邓浩田养成了精益求精的工匠精神和追求完美的做事风格，无论干什么事，都会尽心尽力做到最好。集团公司一位领导评价他是"想做事，能做事，做成事，不坏事"的好干部。邓浩田究竟有什么秘诀让自己做到如此完美呢？有人总结说，关键在于他有"三多"：一是做事多用心。邓浩田做事总是提前谋划、反复琢磨。可能遇到什么困难、怎么解决，他都会提前认真思考做好应对准备。出手收购中盛东莞油脂公司前，邓浩田已持续数年观察分析油脂产业现状和油脂市场价格走向，还试探性地做了些豆粕豆油贸易，把握市场脉搏。二是平时多流汗。邓浩田做事舍得投入，不辞劳苦。盘锦基地建设期间，为了保证工程设计不留遗憾、工程投资不出现浪费，他组织工程技术人员反复审核、论证设计方案，提出了300多条完善建议，不少都被设计单位采纳。在工程设计收官阶段，当他得知设计单位对三大卸粮坑采取满堂红旋喷桩基础后，第一时间请专业公司进行工程造价测算，发现该施工方案比预应力管桩要多投资数千万元。为此，他夜不能寐，带领工程部门多方奔走协调，花了大量的时间和精力亲自咨询有关专家。在他们的坚持下，经过深入技术分析，设计单位接受意见修改了设计方

邓浩田讲解东北基地整体布局

邓浩田退休前与东北基地合影留念

案。仅此一项，使工程节省了 5000 多万元投资，还缩短了 3 个多月工期。三是急时多拜师。邓浩田为什么能干一行精一行？是因为他有无数的老师。他坚信"三人行，必有我师"。他拜师学艺可以说是如饥似渴，专家学者他拜、同行同僚他拜、领导下属他也拜，连刚参加工作的大学生都会成为他学习新知识、新技能的老师。为了构建油脂产业体系，他拜访了多家公司和十几位业内专家，听取不同建议和意见。邓浩田在生产管理方面的追求也是令人敬佩的。在油脂公司，他作为生产板块负责人，十分重视生产的持续性、质量的稳定性和成本的高效性。他认为自己的专业技术水准不够，必须努力学习提高。于是，他经常与生产技术人员进行交流，研究探讨技术改进方案。长期不懈的拜师学艺，他还积累了大量的技术数据，并常常拿来进行分析比较。渐渐地，他比他的"老师们"掌握的情况和数据更丰富。一位基地生产总监感慨地说："邓总的脑袋就是生产技术和成本的数据库！我们再不努力，不仅当不了老师，就连做他老人家学生的资格都会没了。"在他的带领下，经过多年的努力，油脂公司生产方面的技术水平和单耗指标已进入业内先进行列。

严守底线，常走河边不湿鞋

邓浩田长年身居要职，几十年里管理的工程项目不下百个，涉及投资 200 亿元，面临的诱惑和考验无处不在，如何正确对待和把握是一个很直接、很现实的考验。邓浩田一辈子秉持"不损人利己，不损公肥私，不违法乱纪，不失信负人"的行为准则，从不以权谋私，始终坚守清廉底线，清清白白做事、干干净净做人。

在新沙港直属库工作期间，粮库二期 30 万吨仓容工程竣工交付使用后不久，一施工单位来人给他送礼，说是土特产，搁下就离开了。他打开一看，是一包钱，有数万元。他立即打电话坚决要求送礼的人拿回去，对方说"我承包的工程已完工，并结算完毕，送礼谨表谢意，并非利益交换"，还表示送出去的礼物不会收回。次日早上，邓浩田再次催促送礼人取回，对方仍不肯，于是他便派一名员工把钱送了回去。在油脂公司工作期间，邓浩田曾主管公司投资业务，同时兼任纪委书记。有些施工单位、设备供应商在投标过程中、工程洽商变更中，或逢年过节时，以送土特产、红包等方式试探邓浩田的底线，均遭到他的断然拒绝和严厉批评。他常常对人讲，"纪法是底线，底线是不能突破的，不要以为没有人知晓就尝试去突破它，否则总有一日会后悔莫及"。

榜样的力量是无穷的。2006年，他兼任新沙港直属库主任，春节后一个业务客户按照当地风俗前来拜年，并给在场的每人一个小红包。碍于当地风俗习惯，大家不好当面拒绝，好多人都收下了。客户走后，大家都主动从兜里掏出红包，纷纷建议邓总以单位的名义集中起来退回去，并郑重告诉客户，新沙港直属库干部有廉洁从业的庄严承诺，我们必须做到言必信、行必果。东北项目办成立后，他担任项目办主任，亲手组建了项目管理团队。在动员报告中，他号召大家"树立大局观、管好大项目"，而管好东北基地这个大项目的关键，就是要坚定立场、洁身自好。在他的谆谆教诲和亲自带领下，三年多的时间里，东北项目办在廉洁从业方面获得了良好的口碑。邓浩田职业生涯40年，他带领的团队也廉洁自律，稳健前行！

淡泊名利，一片冰心在玉壶

邓浩田淡泊名利是有口皆碑的，他注重名节也是人尽皆知的。他注重名节，是自己的行为会不会影响单位和团队的名声；他看淡的，是自己的地位显卑、职务高低、收入多寡。

几十年职业生涯中，邓浩田主管的企业多次被评为先进单位，先进人物接连出现。曾有过这样的情况，评选时他在外出差，大家选他当先进，把材料都写好了，可他坚决不让往上报，报了也让上级退回来重新评选。有些同事不理解，有人还以为他是沽名钓誉攒口碑。他却说："我有没有先进称号都一样干活，工作积极性丝毫不受影响。而荣誉给其他优秀干部，作用会大得多。成绩主要是他们干出来的，他们更需要鼓励。"2013年，集团公司决定从他和另一名候选人中间推举一名全国劳动模范，他主动提出劳模的荣誉应该向一线员工倾斜，他愿意让贤。就这样，几十年职业生涯，他几乎推掉了所有的荣誉。退休了，集团公司决定宣传他的先进事迹，他还是再三推辞，他觉得自己"还不够先进，只是做了应该做的而已"。2014年，时任油脂公司董事长在油脂产业体系建设总结表彰大会上说："在座有一位同志，他对中储粮油脂产业体系建设作出了重大贡献，但是，由于他的高风亮节，婉拒了公司给他的奖励。我相信大家都知道他是谁，我提议全体起立，以热烈掌声向他，也就是邓浩田同志表示敬意！"热烈的掌声经久不息！

邓浩田是一个家庭观念很强的人，还是个孝子。但是当家事与国事、岗位责任不可兼顾时，他总是选择后者。在离开广东"北漂"的10个春秋里，邓浩田家里发生了许多变故，孀居的母亲、岳母过世了，他们离开人世之前都遭受过病魔的长期折磨。作为晚辈和至亲，邓浩田尽量多抽时间回去探望，但更多的时候工作需要他留下、事业需要他坚守，他别无选择，只能留个不孝名。2016年8月，母亲病重，他多想回家好好服侍，报答母亲的养育之恩啊！可盘锦工程正处于筒仓滑模施工关键节点，有些事项必须他来办，不能耽误，一旦耽误就会带来很大损失，他只好在心里默默为老母亲祈祷、祝福。组织催他回家探亲，他却选择了忙完重要事项再回去。当年10月17日深夜，当他匆匆赶回老家时，却错过了与老母亲见最后一面的机会。他十分悲痛，失声痛哭："是我不孝，来世再好好报答您老人家！"多年来，他把对亲人的挚爱和愧疚深深地埋在心里，却把无私奉献的忠诚献给了中储粮事业。

2015 年，集团公司选花甲之年的邓浩田负责盘锦产业基地的建设管理，一位老朋友知悉后对他说："马上就退休了，你还干啥干！那么大的责任，干好了得不到啥好处，干砸了难免挨整，何必呢？"他笑着回答："难得组织信任，还是干吧。何况我还是个老共产党员呢。"就这样，这头南国"拓荒牛"在北国的风霜雨雪里又耕耘了 3 年多。3 年里，多位亲人离世，妻子也患了严重的抑郁病，来自南国亲人的病痛、死讯，不止一次牵扯、折磨着这位花甲老人，却永远也扯不断他那份心系党和国家事业的赤诚！一位同事赠他一首词："久有赤诚心，常励鸿鹄志。沥血呕心不道难，但盼功勋立。立也苦修身，探理求真义。何幸偷来半日闲，坐看风云起。"细细品之，一定能体会到"拓荒牛"邓浩田的胸怀与志向。

"职场辛苦命，人生激越诗；功高无人妒，德厚有天知。"沧海横流，方显英雄本色！这就是邓浩田，甘心扎根中储粮默默耕耘一辈子的"拓荒牛"！

（执笔：高松，中储粮原东北综合产业基地财务部负责人。）

此文采写于 2019 年 5 月 10 日

负重前行的"老黄牛"

——记中储粮油脂有限公司原党委委员、副总经理江启发

民以食为天，粮安天下安。习近平总书记说："中国人要把饭碗端在自己手里，而且要装自己的粮食。"在中储粮油脂有限公司党委委员、副总经理江启发看来，国产大豆就是中国人自己生产的粮食。如何守护好中国人的口粮？作为中储粮人，尽管历经坎坷，但他始终初心不改，敢于担当，负重前行。

遇事无难易，奋勇且敢为

2019 年 10 月，油脂公司交出了一份令人眼前一亮的"成绩单"：国产大豆轮换实现历史性扭亏为盈。

这一年，油脂公司在东北主产区新季大豆开秤收购成本 3480 元 / 吨，对应销售均价 3550 元 / 吨，国产大豆轮换首次实现了购销顺价，单吨轮换利润 240 元。在消化历史库存并大幅减亏的基础上，2019 年轮换计划实现首次大幅盈利近亿元。

然而 10 余年来，油脂公司国产大豆轮换始终面临亏损难题。每年，国产大豆轮换数量百余万吨，轮换库点多面广，近 5 年现货亏损平均每年达 1.21 亿元，2019 年轮换预算亏损更是达到了 3.05 亿元。怎么办？这是中储粮油脂人必须回答的考题。

2019 年 7 月 9 日，江启发组织召开了油脂公司国产大豆板块第一次轮换经营座谈会。

"召集大家聚到一块座谈就是要打破旧体制机制的束缚，给大家一个梦想和希望，打消大家的顾虑和畏难情绪，更是要压实各单位的责任。"江启发首先说。

随着会议渐近尾声，该由江启发总结发言了。大伙也等着匆匆收场，就当是一个见面会。没想到，江启发看了看事先给他准备好的讲话稿，却翻过来放在一边。

"我知道国产大豆轮换历年来都是销售难、亏损大，这是事实；我也知道大家认为我一个快退休的人，揽下这摊子事，一旦搞砸了，就会晚节不保，所以对我多少也不抱希望。但是，这都是一般人的看法。我们作为中储粮油脂人，必须要有梦想和担当。国产大

江启发（左排左三）组织召开轮换经营座谈会

豆轮换工作看起来难度很大，但就算面前是一座高山，只要敢于攀登上去，将会看到一片大海，风光无限好。我们要一步一个脚印，积小胜为大胜，在不久的将来，国产大豆一定会在我们手里变成'金豆子'。"

这番富有感染力的话语，让在座的每一位中储粮油脂人心潮澎湃，更激起了这些东北汉子内心深处那种不服输的倔劲。

随后，江启发一针见血地指出了当前运营体系中存在的上下"两张皮"问题："核心就是责任没有压实，影响了经营活力和轮换效率。"

原本要结束的会议越开越有劲。江启发和大家一起研究讨论总结出 11 个"症结"，现场开出 11 张"药方"。同时，针对销售难、进度慢的问题，他向大家耐心讲解原来以中小客户为主的渠道，吞吐口径不对等，既解决不了问题，又存在经营风险，并提出破解销售难问题的关键是一改以往小而散的模式，重点是创建大客户体系，得到大家的一致认可。

这场触及国产大豆体制机制的改革，就以"开药治病"的方式拉开了序幕。

后来几个月的实践证明，通过集中力量对接益海、九三、中粮、京粮集团等大客户，瞄准王致和集团等食品加工终端企业，以及筛选大颗粒大豆大力开拓食品豆销售渠道等策略，大客户的销售占比由原来的20%提高到80%，集团客户的规模效应逐步显现。在政策要求的时间内，70余万吨历年积压库存国产大豆全部被消化，全面完成了轮换任务。

江启发并不满足眼前的成绩。如何从根本上解决国产大豆轮换难、亏损大的问题？他又陷入了沉思。

沿着国产大豆的供应链，他通过购销实践，勇于创新，出实招奇招，打出了一套"组合拳"：一是坚持以大客户战略为核心；二是开拓食品豆终端市场；三是综合利用远期交易、捆绑销售、合作轮换的方式，推进轮换销售；四是瞄准终端企业需求，开展高蛋白分级收购；五是期现货结合，控制轮换经营风险。这些手段和措施，立足资源互补，合作双赢，备受客户欢迎。由此，从根本上改变了国产大豆的轮换经营模式，为国产大豆轮换经营闯出了一条新路。

国产大豆销的策略基本定了，但要购回来才能完成轮换。历年来，国产大豆都是"先购后销"，库存没销出去，新粮又收进来，占用两套库存和资金，从经营成本到仓容保障都存在很大压力。如何破题，考验着经营者的智慧和定力。2019年下半年，油脂公司

江启发（中）在粮食出库现场察看粮情

开始启动国产大豆全年轮换工作。为此，江启发组织开展了广泛而深入的市场和生产调研，审时度势、综合研判、谨慎决断，决定采用"先销后购"的轮换策略，在新粮上市前果断完成了绝大部分库存的销售，为轮换工作赢得了极大的主动权。

北安直属库党委书记、总经理王维忠常常陪同江启发调研，对"江式调研法"印象深刻。他说："江总来调研，就深入到黑龙江最基层的地方，先是到农户家里去，与豆农一起算账，土地的成本、买种子化肥农药要多少钱、人工成本是多少、经销商来收时会出多少钱。算好了这些费用，再把豆子细分到蛋白豆能卖多少钱、芽豆能卖多少钱、食品豆能卖多少钱。这些都算好了，再找贸易商研究分类销售。账算完了，他又到库里与业务员研究具体的操作模式，在收购的时候就把大豆按大小粒、食品豆、蛋白豆等分类储存，直接面对下游的终端客户，有利于今后的出库销售。通过江总的深入调研分析和不折不挠的坚持，一步一步证明了先销后购是行得通的。"

在江启发的带动下，2020年，油脂公司国产大豆的销售和收购工作基本都按照预定计划实现了，而且价格在高点卖出，每吨有300多元的利润，这在以前很难想象。

2019年9月25日，中储粮集团公司党组书记、董事长邓亦武在《油脂公司国产大豆轮换经营工作情况汇报》上批示："近几年来，国产大豆轮换一直是困扰油脂公司的一个难题。但实践证明，只要创新思路，创新机制，是能找到解决问题的办法。"

在国产大豆取得突破性进展的同时，江启发还承担着另外两项同样艰巨繁重的工作。一个是"两分开"改革，一年时间要完成6

江启发（右排右二）介绍中储粮油脂新郑基地"两分开"推进情况

家基地"分账、分资产、资产确权",涉及 14 家法人单位共 133 项土地及建筑物,资产规模达 26 亿元;另一个是"百万吨级储备基地建设",要在一个月时间完成分布在全国的 20 个项目共计 215 万吨仓容的土地资格预审、向地方发改委备案、项目环评报告,并提交中央投资项目资金申请报告。江启发临危受命,用经验、智慧和拼搏,保障了两项工作的如期高质量完成,为油脂公司的改革发展添上了浓墨重彩的一笔。

不能胜寸心,安能胜苍穹

人们常说,在命运坎坷中,最能看出一个人的品格和气节。

近年来,江启发并非一帆风顺。

因上海分公司某下属企业 2011 年发生"小金库"问题,江启发作为时任上海分公司分管财务工作的副总经理,由于未尽到监管责任,受到集团公司党组给予的处分。

江启发虽然认了账,但那段时间整个人似乎都被掏空了,一向开朗、幽默的他变得沉默寡言,一向平易近人的他变得让人难以接近。

作为一名对党忠诚、为党的事业奋斗了大半辈子的老共产党员,江启发始终把自己的名节看得很重。但如今不仅事业受阻,名声也受影响。"为什么、想不通",这两个词一直在他脑子里反复打转,"这事既然是别人惹的,为什么也要我担责?"

他突然想起了自己的父亲。当年政治运动中,父亲因小业主身份受到打击,心理承受了很大创伤,加之身体原因,在自己 7 岁时候父亲就离他而去。从小就缺少父爱的他和兄弟姐妹 4 人,靠母亲一个人微薄的收入和政府补助救济长大。对父亲遭受的磨难，母亲只字未提。家里供哥哥上大学后，没能力继续供江启发，只能让他上中专，因为中专生每个月有十八块五的补贴，当时全家一个月开支才三十几块，他没有任何怨言。

后来父亲被平反，他清楚记得组织上宣布平反决定的那天，母亲当着他们的面第一次哭了。在他 32 岁的时候，母亲因病逝世。临终前母亲说："我一辈子培养了两个共产党员，我对得起国家了。"母亲的这句话，永远铭刻在他的脑海里，想想自己所追求的、付出的，不都是为了这份追求吗？

那段时间，集团公司领导和油脂公司其他班子成员看到江启发沉默寡言，都会主动和他聊聊，有时候聊工作、有时候聊家庭。欧召大同志多次主动请他到办公室坐坐，与他推心置腹地交谈，逐渐解开了他的心结。

江启发是一个善于思考的人，更是一个心胸开阔的人。他知道，自己这种状态主要还是主观上出了问题，有些事情只要作换位思考，就容易得出实事求是、客观公正的结论。

当时，油脂公司党委以"五个一"为方案，组织大家深入学习贯彻习近平新时代中国特色社会主义思想，发了很多学习资料，江启发认真阅读，用心思考。虽然他当时任油脂公司监事会主席，并不是党委班子成员，但他主动要求参加党委理论学习中心组学习，每次都亲自撰写发言材料；油脂公司邀请中央党校、北京市委党校等专家学者授课，他也积极参加。作为监事会主席，他还积极投身一线调研，掌握了大量一手资料，对油脂公司未来发展和中小包装战略规划积极建言献策。

2019 年 1 月，油脂公司党委召开 2018 年度领导班子民主生活会。会上，江启发在作个人对照检查时谈道："我深刻认识到，全面从严治党、全面从严治企，是国有企业党组织的重大政治责任；中储粮作为国家宏观调控的主力军和粮食安全的'压舱石'，更需要严格管理。作为一名党员领导干部，必须无条件执行党组织的决定，自觉遵守党规党纪，进一步增强政治意识，严格要求自己，以饱满的精神状态投入到当前工作，这样才能回报组织的关心教育帮助。"

看似寻常最奇崛，成如容易却艰辛

如果把江启发 40 年的职业生涯看作是一部长篇大作，以 20 年为界，分为上、下两篇，每篇都很精彩。

1980 年，20 岁的江启发从上海市粮食学校财务会计专业中专毕业后，被分配到上海市粮食局系统工作，历经多个岗位。2000年，江启发进入中储粮系统，先后在多个分（子）公司任职。

在上海市粮食局系统工作的 20 年，他爱学习，成功完成了从一个中专生到研究生的蜕变；他立信仰，是所在单位党组织在"文革"后恢复发展党员第一批入党的青年；他保民生，1989 年，年轻有为的他作为上海油脂公司第二供应站主要负责人，组织保障了上海 6 个区老百姓食用油供应，所在单位因此荣获"上海市文明单位"称号。

在中储粮工作的 20 年，他务实，在上海分公司管理财务工作的 9 年里，年年受到集团公司表扬；他敬业，辗转于几个分（子）公司，参与收购储备库几十个，建设仓（罐）容几百万吨；他执着，几十年如一日，始终坚守在粮食工作第一线。

江启发的老上级，原上海市粮食局组织处处长、副巡视员洪文明回忆说："我印象中启发有几个非常突出的特点，第一个是学习能力非常强，从没有停下，而且一直抓得很紧。中专毕业后，他利用闲暇之余，考入大专和华中科技大学本科，后来还上了研究生，考取了高级会计师，之后又考取了高级国际注册财务管理师，这几个证含金量可不一般，非常难考。第二个是贸易天赋很高，1994 年我们搞竞争上岗，他当时是办公室主任，竞聘的职位是上海粮油贸易公司副总，他一个搞办公室的竞聘业务老总，想想也很困难，谁知道他从五个处级后备干部中竟然就脱颖而出了。"

那段时间，江启发全过程参与了上海市第一条也是全国第一条精制油生产线建设，并获得"上海市实事项目立功竞赛先进个人"称号，推出了上海第一个油脂品牌"海狮牌"精制油，组织拍摄了全国第一个精制油广告；挂职任上海市虹口区商业委员会副主任期间，主持筹建了全国第一个发起式股份有限公司——雷允上（北区）药业股份有限公司。

2000 年，江启发入职中储粮总公司上海分公司，那时候中储粮总公司刚刚成立，规模、机制都没建起来，收储和轮换都很困难。要解决这一问题，关键就是要建立自己的收储体系。

原南京分公司财务处长、上海市第九届党代会代表郑赛珠回忆说："江总为这件事操了很多心，在三省一市来回转，废寝忘食，很多收购和建设项目都是他具体去谈的。"在江启发等人的努力下，最终完成了浙江、安徽、江苏共 27 个库的收购工作，为中储粮在长三角发展打下了坚实基础，他本人也获得 2004 年"中储粮总公司突出贡献个人"荣誉称号。

2008年，江启发再次接到一个艰巨的任务，参与集团公司收购中盛镇江粮油公司谈判。江启发迅速进入状态，很快就拿出了收购方案。"当时我在上海良时贸易公司当总经理，看到这份收购方案后很吃惊，专业性非常高，我很佩服。"油脂公司党委委员、副总经理张国强说。经过艰苦的谈判，集团公司成功拿下中盛镇江粮油公司，加上之前收购的中盛东莞粮油公司，为油脂公司六大基地年大豆加工能力达783万吨奠定了基础。

2014年，到南京分公司任职后，江启发立即投入到繁忙的建仓任务当中，他和班子制定了辖区三年120万吨建仓规划，包括13个中央投资补助项目。通过努力，三年建仓规划得以顺利推进，有效缓解了辖区中央储备粮仓容不足的矛盾。

如此众多的项目，马不停蹄地奔波，并没有让江启发觉得身心

中储粮油脂公司镇江基地新貌

疲惫，反而每次干起来都十分起劲。"江总对待工作就像小孩对待心爱的玩具那样，全身心地扑在上面，'玩'起来很忘我、很专注。我觉得领导干部们最应该学习他的就是这股干事创业、敢作敢当的韧劲。"郑赛珠这样说。

接触过江启发的人说："他不讲究吃穿，一年到头就是那两件衣服，深色衬衫洗得发白了，裤子绞边都花了还在穿。""2016年有次在北京见到他，穿了一双鞋特别眼熟，发现还是2009年我们分公司搞活动时发的。""他对自己要求很严，廉洁自律方面是从来没有问题的。"

华润米业副总裁路斌回忆说："当时我在江总手底下做销售，我们所有人都被他批过，不分年龄，'特别不给面子'。他从分管上海米业建设的第一天起，就整天待在工地，从设计、概算到施工，事无巨细、亲力亲为，一直到建设投产、产品投放、展品陈列、包装设计等，那段时间真要把我们逼疯了，但这些工作都在一年内完成了，而且建设费用比预算减少了10%。"在江启发的"威逼"下，上海米业建设、销售齐头并进。2012年1月投产当天，销售团队已经做好了全部市场规划和销售准备，当年上海米业就销售了10万吨大米。

在外漂泊了这么多年，江启发患有高血压、肩周炎、胃病。现在，随着年龄的增长，加之长期高负荷工作，身体比较虚弱，稍不注意就感冒发烧、发皮疹，他都是一个人扛着。对自己身体的病痛，江启发都默默忍受，没"哼"过一声；但对家人的辛勤付出，他无以为报，充满了愧疚。妻子身体不好，患有高血压、心脏病，还要照顾因骨折卧病在床的母亲。有一次江启发去合肥油脂库调研，妻

江启发（后排左）主持召开干部员工座谈会

子在上海动手术出院时发现没钱结账，只好打电话向他求援，甚至抱怨说："我住院也不来看我，出院也不管我。"江启发当时因公务紧张无法脱身，没有满足妻子的要求，但事后却成了他的一块心病。

最让江启发心疼的是女儿，女儿小的时候他一心扑在工作上，很少回家，妻子又要上班，身体也不好，不得已把才2岁的女儿送去上幼托，这一托就几乎托到了初三。而女儿回上海读高一不到半年，江启发又被调往辽宁，女儿高考的时候他都没能回家。等他再次回到上海，女儿已经上大学。早已自立的女儿也很少回家，但江启发仍一心扑在工作上，后来又被调往油脂公司，父女俩更是聚少离多，交流一直很不顺畅，以至女儿被车撞了也没对他说，江启发为此无比心痛。也许只有他心里知道，欠女儿的父爱已经沉重到不知用什么才能补偿，留给女儿最宝贵的财富还是他对党的事业的那份忠诚与执着。

"老牛亦解韶光贵，不待扬鞭自奋蹄。"这正是江启发的真实写照。

（执笔：余祖斌，中储粮油脂公司党委副书记、董事、总经理；项峰，中储粮合肥油脂库有限公司党支部纪检委员、副总经理；樊曦，新华社高级记者。）

此文采写于 2020 年 1 月 9 日

天山脚下"守粮人"

——记中储粮湖北分公司原党委副书记、副总经理秦开瑞

　　见到秦开瑞时，他正在组织巡视小组的同志研究分析巡视材料。临近退休 2 个月之际，这位老党员再次领受了集团公司党组安排的巡视任务。"作为一名老党员，组织让干啥就干啥，哪个岗位、任何时候都不能松劲儿！"秦开瑞觉得这是职责所在。

　　维稳扶贫，他响应号召，主动领命；监督执纪，他坚持原则，敢抓敢管；巡视巡察，他服从大局，冲锋在前。近 40 年，从天山

大漠到荆楚之地，组织的每一次召唤，变的是工作环境和形势任务，不变的是一名共产党员的初心使命和守护"廉洁粮仓"的责任担当。

敢为人先勇担当，用心用情解难题

坚如磐石的革命意志，是共产党人战胜困难、取得胜利的最大优势，只能在艰难困苦中得以磨炼。秦开瑞生长于新疆生产建设兵团 164 团 10 连一个普通农工家庭，在新疆生活工作的那些日子，天山的严寒雕刻了他坚韧不拔的意志品格，大漠长风塑造出他真诚坦率的性格底色。

秦开瑞在新疆粮食局工作 18 年，多次参与或执笔起草辖区粮食流通规划、粮改方案等材料，十分熟悉粮食形势和症结问题。1999 年，他从新疆粮食局政策法规处副处长岗位上被借调筹建中储粮新疆分公司，先后协助多任主要领导执笔起草重要文件，并向时任中央政治局委员、自治区党委书记王乐泉专题呈报了关于新疆粮改及粮食安全问题建议、新疆夏粮收购政策建议、增加新疆储备粮指标建议、中储粮轮换服务新疆实施方案、发挥中储粮主渠道作用等政策建议，得到自治区党委和政府的大力支持。经中储粮集团公司多方协调和全系统上下努力，新疆分公司成立初期的政策优势和发展环境不断得到改善。自 2004 年开始，新疆分公司连续多年承担全疆 60% 的小麦收购任务，并享受每公斤 0.2 元的地方财政价外补贴政策，地方和兵团国债粮库上收比例达到了 96%，新疆粮食局无偿向分公司划拨了 4000 多平方米的办公场所。

新疆是祖国西北门户，新疆工作在党和国家工作中具有特殊战

秦开瑞（右）帮助维稳扶贫村困难农户秋收

略地位。2009年7月5日，乌鲁木齐发生了打砸抢烧严重暴力犯罪事件，暴恐分子横冲直撞，手段残暴，气焰嚣张，造成2000余名无辜群众死伤。危难时刻更显央企担当。次日，分公司安排时任综合处处长秦开瑞、副处长古丽娜上街联系平暴武警部队，代表中储粮集团公司落实慰问事宜。从分公司到驻守部队执勤点约两公里路程，街面上时常有暴恐分子窜出来袭击路人。在全城戒严情况下，秦开瑞没有任何迟疑，只身携带了简单的防卫器具，穿越多道沙袋、铁网和警戒线，中途与流窜作案的暴恐分子英勇对峙，终于与武警兵团指挥部第四支队取得联系，代表中储粮集团公司将慰问信和1吨大米、1吨面粉、0.5吨食用油等慰问品安全送到了100多名武警部队官兵手中，为守护当地民众的一线武警官兵送去了后勤保障。《人民日报》《人民武警报》《新疆日报》等媒体现场进行了采访报道，大力宣传了中储粮集团公司危急时刻维护社会稳定、保障部队供应的政治担当和社会责任。在新疆工作期间，秦开瑞多次赴和田、喀什、阿克苏、巴州等直属库调研，与基层少数民族员工一起座谈，谋改革话发展，宣传党的民族、宗教政策，引导受极端思想影响的人员树立正确价值观，做对社会有用之人。

2014年，为落实党中央关于新疆长治久安战略部署，自治区党委部署开展第一轮为期三年的"访民情、惠民生、聚民心"综合治理系统工程，要求所有党政机关、中央企业派出脱产工作队，进驻重点村开展"访惠聚"维稳和扶贫工作。作为党群监察处处长和维稳扶贫领导小组办公室主任，秦开瑞毫不迟疑，自觉服从工作大局，主动领受军令状，赴分公司反恐一线包村点调研50余次，面对面听取驻村工作队队员和村民意见。秦开瑞认为，维稳工作根上

秦开瑞（左）给阿力甫上大学的女儿送去助学金

是要解决民生问题，提出将"访惠聚"活动与"定点扶贫"工作合二为一，指导新建了 330 套"中储粮新村"安居房和养鸡场，做了大量组织落实工作。分公司驻村工作队连续 2 年获得自治区党委工作考核"优秀"等级，自治区党委、政府专门向中储粮集团公司发来感谢信。驻村期间，秦开瑞与一位名叫阿力甫的老乡结为帮扶亲戚，阿力甫的妻子患癌多年，女儿热依汗古丽是在校大学生，家庭经济很困难。秦开瑞经常去看望他们一家，不仅送去生活慰问品，还与阿力甫一起下地秋收，在地头唠家常谈生产，帮着出主意找路子，千方百计减贫增收。离开新疆前，他专门给热依汗古丽留下了 3000 元学费，鼓励她刻苦学习，尤其要学好汉语和历史，毕业后服务家乡建设发展。

一身正气敢较真，铁面执纪铸忠诚

2017 年 12 月 13 日，中储粮集团公司召开二级单位提任干部谈话会。即将担任改组后湖北分公司党委委员、纪委书记的秦开瑞作为提任干部代表作了发言，他表态要"当好'两个确保'看门人，用好监督执纪手术刀，做好变轨转型铺路石"。湖北作为我国中部地区重要产粮省份，随着中储粮系统"去库存"工作的持续推进，辖区内风险事件及伴随的违规违纪违法行为在 2017 年前后集中爆发，系统内一时间"谈鄂色变"。一周后的 12 月 19 日，秦开瑞肩负"守粮仓、捉老鼠、保平安"的职责使命到湖北分公司报到履职。

上任当天下午，湖北分公司就接到集团公司纪检监察组关于荆州直属库与民营油脂加工企业合作收购临储菜籽油发生"罐中罐"重大渎职案件的督办通知。秦开瑞来不及收拾行李，就按照分公司党委安排，立即前往荆州市所辖石首市人民检察院、公安县公安局，调查了解立案侦查涉及的荆州直属库内部监管责任，及时制订和启动了问责调查方案，有序开展核查审理。在案件线索核查过程中，秦开瑞坚持做到严格规范，严谨细致，主动与当地纪委联系取得工作支持，指导调查组进入油厂现场取证，获取了第一手证据材料，并与油厂老板见面制作笔录，不放过任何一个细节，甚至现场求证仓房门的锁孔直径是否足够容纳两把锁，形成了严密的证据链。其间，有人"好意"地提醒他："你一个外来干部，处理人要手下留情。"有当事人请托有关领导给他打电话帮助说情，也有当事人利用当地"黑社会"的手法对他进行人身威胁。他顶住压力，不为所动，在充分掌握事实后，最终形成了完整客观的调查结论，向分公司党委提交了对涉案5名处级干部给予撤销党政职务的问责处理意见。未见其人，先闻其名，"铁面执纪"成为他刚到任就留给中储粮湖北分公司干部职工的第一印象。

随后，秦开瑞根据群众举报线索，严肃组织查实了某直属库主任以权谋私多次介绍亲友参与直属库经营业务的违纪案件。虽然该库主任的亲友承揽库里经营业务没有挣到"大钱"，但秦开瑞认为，该案发生在党的十九大和集团公司组织开展的"靠粮吃粮"专项清理工作之后，属于顶风违纪、性质恶劣、影响较大，于是提出了从严处理意见。因为坚持原则，有的库领导班子成员私下抱怨："找他说情通融就是自讨没趣。"

过去一个时期，中储粮集团公司系统有的基层企业"靠粮吃粮"、公款吃喝等现象较为严重，"四风"问题频繁出现。秦开瑞认识到，要实现集团公司党组和纪检监察组及湖北分公司党委提出的转思想、转作风要求，必须对违规违纪行为零容忍，动员千遍不如问责一次。为了将"严"的标准立起来，他配合集团公司纪检监察组和分公司党委，先后组织开展了对武汉直属库某领导干部在京学习期间顶风违纪聚餐饮酒问题、黄冈直属库"两个安全"检查组违规接受监管对象宴请行为的核查和问责。在此基础上，他协助分公司党委组织开展了辖区内以前年度违规购买烟酒情况专项清理整治工作，共清退违规款项 62 万元，对 29 人作出追责问责处理。担任纪委书记期间，秦开瑞共依规依纪查处、问责分公司党委管理干部 48 人，共计 82 人次，"四种形态"占比分别为 77%、16%、7% 和 0%，监督执纪工作逐步由"惩治极少数"向"管住大多数"转变。

一个案例胜过一打文件。秦开瑞十分注重从思想上筑牢党员、

秦开瑞（中）主持对湖北分公司处级干部进行廉洁谈话

干部员工的纪律意识，他建议湖北分公司党委召开全员警示教育大会，先后点名道姓通报了荆州直属库"罐中罐"、武汉直属库党员干部顶风违纪聚餐饮酒、党的十八大以来违规公款购买烟酒、襄阳直属库监管失职等违规违纪违法案件，充分发挥身边人身边事的警示作用，对辖区内党员、干部员工进行了廉洁从业教育和思想洗礼。结合集团公司纪检监察组在全系统范围内开展"禁烟""禁酒"令专项部署工作安排，他走遍辖区所有17家直属企业，逐库对34名党委书记和纪委书记开展了守纪律讲规矩提醒谈话，对分公司机关10名处级干部开展了严守纪律、廉洁从业提醒谈话，抓好全过程监督，做到警钟长鸣。

党风廉政建设和反腐败工作的基石是制度。没有适当、严密、刚性的制度设计，腐败行为就难以从根本上得到治理。秦开瑞在工作中深谙制度建设的重要性，始终将完善制度作为有效开展纪检监察工作的重要抓手，努力消除滋生腐败的机制障碍和制度漏洞，打通监督执纪"最后一公里"。他主动协助分公司党委组织召开辖区年度党风廉政建设和反腐败工作会议，及时完成"分公司本部—中心库—分库"三级纪检监察机构设置，组织调研并制定了改革完善辖区纪检监察体制机制实施办法、纪委书记考核办法、监督执纪实施细则、扶贫领域腐败和作风问题专项治理实施办法、党员干部操办婚丧事宜规定等工作制度，建立"两个责任"考评机制，开展党委书记抓党建现场述职质询评议考核，参与选人用人动议酝酿等全过程监督，指导监督小组聚焦"六项纪律"开展日常监督检查，使得湖北分公司辖区政治生态明显好转。

铁面执纪的秦开瑞也有春风化雨的一面。他经常嘱咐纪检干部，

"一定要多关心受处分的同志，帮助他们解决实际困难，多鼓励多肯定，让他们放下包袱，看到希望"。对此，咸宁直属库纪委书记曹春潮印象深刻。秦开瑞在一次工作交流中专门与他谈道："我们做纪检工作的不能把人处分完就不管了。党培养一名干部不容易，我们既要做政治生态的'护林员'，也要做受处分干部的'贴心人'。"一次工作调研中，秦开瑞到监利直属库看望一位异地安排的撤职干部，这位干部流泪说对不起母亲，妻子在外打工，自己又远在异地，母亲80多岁了，身体不好，只能被送到敬老院。秦开瑞听说后一直惦记着这件事，工作之余专门去看望了这位母亲，临走时自己掏出1000元现金交到敬老院工作人员手里说，这是我替老人交的下个月养老费，拜托你们照顾好她。

秦开瑞（左）看望某直属库干部的母亲

执纪者必先守纪，正人者必先正己。秦开瑞多次在工作中告诫纪检监察干部，我们是做监督工作的，背后会有很多双眼睛盯着我们。守护廉洁粮仓是我们的职责，如果我们自己不严格要求自己，自己不能首先做到廉洁，经不起社会上的各种诱惑，不仅自己会出事，而且还会对党的形象和纪检监察机构造成不良影响。在这个问题上，他始终保持清醒认识，生活上坚持慎言慎行、慎独慎微，工作和生活基本上"两点一线"，从不参与商业性交往宴请，从不搞特权，家属来去武汉、自己住院看病，都坚持乘坐公共交通工具。"这样做坦然，做起工作来也有底气。"他是这样说的，更是这样做的。

2019 年 6 月，在全系统纪检监察干部培训班上，集团公司党组成员、纪检监察组组长欧召大评价说："秦开瑞同志是一名非常称职的纪委书记，一身正气、两袖清风、敢抓敢管、原则性强。在湖北分公司任纪委书记期间，正值历史遗留问题集中爆发期，案件数量众多，其中不乏大案要案，案情繁杂，办案难度大。秦开瑞同志不畏艰难，勇于挑战，始终保持昂扬斗志、饱满热情，为推进湖北分公司全面从严治党、全面从严治企做了大量工作，值得充分肯定！"

衣带渐宽终不悔，为伊消得人憔悴

秦开瑞做一行、爱一行，钻一行、精一行。虚心学习、乐于钻研，是他能够很快熟悉工作和成为行家里手的重要法宝。

2018 年 8 月，秦开瑞再次领受重任，被集团公司党组借调，连续两年作为副组长带队，负责对山西分公司和西安分公司进行政

秦开瑞（左二）督促检查夏粮收购工作

治巡视。此时，他因工伤腰伤复发刚刚出院。进驻被巡视单位后，很多职务比自己高的领导和以前熟悉的同事朋友转眼之间成为被巡视对象。这种情况下，能不能坚持原则发现问题，敢不敢实事求是披露问题，是摆在秦开瑞面前的一道新考题。对此，秦开瑞经受住了考验，以实际行动向集团公司党组交上了一份合格答卷。

秦开瑞常说，中储粮人肩负着党中央赋予的守护"大国粮仓"的光荣使命，纪检监察和巡视巡察干部必须胸怀全局、服务大局，增强"四个意识"、坚定"四个自信"、做到"两个维护"，为建设"大国粮仓""廉洁粮仓"做好本职工作。第一次参加巡视，面对巡视工作知识储备上的"短板"，秦开瑞先从苦练内功下手，重新做回"小学生"，白天与巡视组成员一同上课接受统一培训，晚上则封闭在宾馆内刻苦自学，有时还邀请巡视办经验丰富的同志和专家开小灶做辅导。组织小组成员专心研读集团公司领导动员讲话、巡视工作实施方案、巡视纪律规范流程、各业务板块政策制度及有关部门提供的问题线索，督促大家下足功夫，提前梳理进驻现场后的巡视重点和目标方向。

在参加第二轮巡视时，秦开瑞结合实践经验总结了6条工作体会，与小组同志深入交流，重点就如何处理好政治与业务的辩证关系、从业务问题表象透视政治问题机理等问题进行分析讲解，帮助小组同志尽快掌握巡视工作的相关政策、制度、规矩，增强工作本领，形成一套指导性、实操性很强的"巡视工作方法论"。他主持制定了巡视小组进驻实施方案和以发现高质量问题为导向的考核办法，明确了严格的工作纪律。作为临时组建的巡视组党小组组长，他充分发挥党组织的政治引领和战斗堡垒作用，定期召开党小组会

秦开瑞（左七）带领巡视组党小组与被巡视单位党组织联合举办主题党日活动

议，组织学习习近平总书记最新重要讲话精神及关于巡视工作的最新论述，与被巡视单位党组织联合举办主题党日活动，及时通报巡视中遇到的不配合巡视及对抗巡视等问题，共同学习党章党规党纪，强化政治意识和纪律意识。

一次巡视中，某直属库主任组织相关人员串供写假说明，向巡视组做伪证。秦开瑞咬定原则不松口，带领巡视组一查到底。他对巡视组的同志说："我们代表的是集团公司党组，肩负着党组的信任和重托。原则性问题坚决不能含糊，不然就是我们巡视组的失职渎职！"次日早晨 6 点，这位库主任拿着检讨书前来如实说明其使用大额公款购买烟酒送礼、虚列购煤款支出的事实。之后，秦开瑞主持召开党小组会，组织大家讨论如何看、怎么办。大部分同志认为，这一行为是对抗巡视，应当严肃处理。也有少数同志表示，这位库主任再过两年就退休了，而且最终也承认了事实和错误，严肃批评就可以了。秦开瑞作总结点评指出："发现问题是巡视工作的生命线。发现问题以后，能不能、敢不敢按规定揭露问题，考验着我们每个人的党性。不讲原则讲人情是巡视干部的致命伤！"这件事给巡视小组同志上了一堂深刻的党课，也增强了大家的斗争意志和精神，对于政治巡视的定位有了更进一步的理解。后来，集团公司党组巡视组将此事通报了被巡视分公司党委，这位库主任受到严肃问责。

在巡视工作结束时的最后一顿自助晚餐上，组内一位馋酒的小伙子指着自助餐台上提供的啤酒说，我们用啤酒碰个杯吧？秦开瑞善始善终，笑着制止了他，端起一杯茶水与组内每位同志碰杯，真挚感谢大家的付出和努力。巡视组组长李祝春深情地对大家说："这两个多月，秦书记始终戴着护腰、忍着病痛，每天与大家一道坚持工作到深夜，亲自起草巡视报告。他与我同龄，虽然他是第一次从事集团公司巡视工作，但他的工作经验比我多，工作热情比我高，敬业精神比我强，发现问题比我准，尤其是不怕得罪人、不唯上只唯实、敢于较真碰硬的斗争精神，值得我们每一位同志学习。希望同志们回到工作单位后，继续学习并发扬秦书记这种敬业精神、斗争精神！"

两轮巡视中，秦开瑞累计完成谈话82人次，指导审核建立问题底稿415件，发现、核实、披露重要问题并列入巡视报告和重要线索专项核查报告的有80余项，涉及全面从严治党"两个责任"落实不力、党组织领导作用发挥不够、党的思想政治建设薄弱、

秦开瑞（左二）代表巡视组慰问山西分公司退休老干部

"两个确保"根基受到冲击、领导干部以权谋私突破底线等问题。

巡视期间，秦开瑞还发挥自己的专业优势，承担了集团公司纪检监察组安排的有关问题线索核查工作。他带领核查小组制订周密的核查方案；深入机关和基层单位全方位开展谈话谈心，听取群众评价意见；查阅大量历史档案资料，理清还原事实真相；依据事实和证据得出客观结论，实事求是向集团公司党组和纪检监察组提交了核查报告。

做事满怀激情，总能看见他忙碌的身影；做人谦逊低调，每个岗位上都有不平凡的业绩。秦开瑞始终初心不改、勇担使命，用忠诚的政治品格、过硬的业务能力和优异的工作成绩，践行着"做党的忠诚卫士、做'廉洁粮仓'守护人"的铮铮誓言……

（执笔：王传龙，中储粮湖北分公司纪检监察处副处长；杨赞，中储粮集团公司纪检监察组综合室副主任。）

此文采写于 2020 年 8 月 20 日

苏北粮仓一干将

——记中储粮集团公司劳动模范，江苏分公司盐城直属库
党委书记、总经理薛金文

"兵贵神速、使命必达。"与薛金文接触过的人，都说在他身上始终有着一股敢打敢拼的冲劲，时时处处都体现了共产党人的责任担当。

昔日的盐城直属库，遗留问题多，人心不稳，企业"短板"效应在系统内外发酵，一度出现了"提盐则叹、提盐则忧"的状况。

2015 年 3 月薛金文担任盐城直属库党委书记、总经理以来，他以追求卓越的专业精神、只争朝夕的奉献精神、锲而不舍的实干精神，团结带领盐城直属库辖区干部员工守好了这片矗立在盐阜大地上的"大国粮仓"，谱写了一曲基层企业"由乱到治"、可持续发展的创业之歌。

临危受命，在逆境中破解发展难题

"事实是真理的依据，实干是成就事业的必由之路。"薛金文在 40 余年职业生涯中始终保持着实干精神。

盐城直属库位于江苏盐阜老区的黄海之滨。这片区域是稻谷与小麦主产区，是江苏省第一产粮大市，辖区内有 7 个分库、250

薛金文（左二）陪同盐城市有关领导检查企业夏粮收购工作

余个委托收储库，常年储存 300 余万吨政策性粮食，点多、面广、量大。过去，由于管理不规范，盐城直属库时常出现政策执行偏差等问题。一时间，直属库人心不稳，江苏分公司辖区的同志大都不愿到盐城任职。

2015 年 3 月，组织上选定了薛金文。

薛金文临危受命，上级党组织负责同志任前谈话时告诉他，"江苏分公司 70% 的举报信来自盐城……要想方设法改变企业当前面临的困局"。带着组织的重托和期盼，薛金文来到了盐城。

盐城直属库辖区过去企业上访信访多、债务纠纷多，如何息访、消除影响、解决矛盾、凝聚人心，成为摆在薛金文面前的第一道难题。上任伊始，他赴 7 个分库和 9 个县（市、区）调研，召开座谈会，耐心听取干部员工心声，查找中央事权粮管理过程中存在的问题，征求意见建议，努力寻找破解难题的良策。

面对人心不稳、士气低落、个别人员上访告状等情况，薛金文反复找相关人员谈心，做通他们的思想工作，让他们重拾信心，发挥专业特长，为企业发展作贡献。在薛金文等班子成员的关心帮助下，受处分人员逐步转变了思想认识，提振了精神状态，找回了对工作的热情，在岗位上钻研业务，带头研发，攻克了仓储管理上的一道道难题，并获得了 7 项国家实用新型发明专利。

过去，盐城直属库辖区政策性粮食收储风险较大，严重影响了企业改革发展稳定。薛金文把防范化解重大风险和解决历史遗留问题作为政治责任，积极应对，主动向盐城市委市政府请示汇报，协调有关部门加强监管，顺利完成了盐城区域以最低收购价收购小麦、稻谷的工作。通过持续努力，盐城直属库从过去江苏辖区投诉最多转变为 2015 年最低收购价粮收购过程中的"零投诉"。

盐城直属库辖区菜籽油库存量大，是创造营收利润的重要来源，同时也是最大的风险隐患点。针对菜籽油调拨出库撤点可能存在的风险隐患，在调拨出库前，薛金文就要求企业做好防控预案，积极争取外力支持。调拨出库时，5 家民营企业负责人集中到库出难题，阻挠菜籽油正常出库。面对这种情况，薛金文敢于担当、勇于作为，给他们讲政策、强督查，确保了菜籽油按时顺利出库，全部撤点。

经过不懈努力，盐城直属库逐渐走出了低谷，各方面工作有了新的变化和进步，2015 年被评为江苏分公司先进单位。

坚定信念，党建引领树形象

一个人有了信念，才能行稳致远；一个企业有了信念，才能做强做优做大。薛金文始终坚信，在企业管理中不能只讲效益不讲政治，特别是对于中储粮这样关乎国家粮食安全和人民群众切身利益的企业来说，做工作、干事业必须首先从政治上看待问题，以高质量党建引领企业高质量发展。

2018 年，在江苏分公司党委的支持下，根据党组织设置有关规定，盐城直属库党组织建制由党总支改设为党委，成立了 9 个党支部，把党的支部建在一线，切实发挥好把关定向、政治引领、凝心聚力、监督管理等作用。

针对过去企业党建引领作用发挥不明显的问题，2019 年，薛金文探索以"党建 +"模式推进党建引领各项工作发展。他抓住理论学习、思想互助、教育整顿三个环节，实施"党建 + 思想建设"，

薛金文（中）组织召开干部员工代表座谈会

强化"党建＋中心工作"，开展我为"两个打造"做实事、党员志愿服务、我为群众办实事等活动，教育引导企业干部员工认真落实"两个确保"、服务宏观调控、国有资产保值增值"三大任务"。两年多来，辖区共有干部员工1500余人次参与各项活动。在此基础上，他从构建人才引进、人才培养、人才选拔"三大平台"入手，推进"党建＋队伍建设"，推选出1名副处级干部，选拔、续聘27名科级干部，为企业发展夯实了人才支撑。为解决辖区分库基础管理不平衡、企业发展后劲不足、库外储粮管理风险等问题，薛金文紧扣各科室、各分库实际，强化"党建＋特色工作"，精心打造"一支部一特色"党日活动品牌，汇聚了创新"融合点"，以党建"红色引擎"推动企业稳健发展。

因各类事件影响，盐城直属库过去在辖区内一度缺少话语权，

盐城直属库组织召开退役军人参加的主题报告会

不能充分发挥保障国家粮食安全"主力军"的作用，影响力较小。为此，他多方沟通，与盐城市机关工委联系，谋划建立盐城粮企党建联盟品牌。2020 年 1 月，薛金文积极倡导，联合辖区中粮米业、益海粮油、上海海丰、江苏北大荒等 10 家涉粮企业党组织建立党建联盟，谋求形成从粮食种植、原粮收购、粮食储存到粮油加工、成品粮入市的优质粮油产品供应服务，重点打造以党建工作共建、产业发展共推、党员干部互动、党建载体互用、结对帮扶互助等为主要内容的联合共建模式。确定联合共建模式后，薛金文积极牵头召开党建联盟务虚会，组织中央事权粮管理工作会议，开展中央事权粮管理盐城区域职业技能大赛，促进联盟单位在思想上互动、在工作上互通、在技能上互学。2020 年，稻谷和玉米轮入工作遇到了前所未有的困难，薛金文积极协调联盟单位给予盐城直属库大力支持，实现联盟单位守望相助、共御风险。

在薛金文的带领下，盐城直属库党建工作水平逐步提升。2018年、2020年、2021年，盐城直属库党委连续三次被集团公司党组评选为"先进基层党组织"。

创新思维，完善制度建体系

"抓好落实，我们的事业就能充满生机；不抓落实，再好的蓝图也是空中楼阁。"薛金文时常把习近平总书记这句话挂在嘴边。在工作中，他坚持"两条腿走路"：一手抓思想教育，坚持以员工为中心开展工作；一手抓制度建设，着力推行按制度管人、管权、管粮的工作理念。

为改变过去二部员工中存在的"攀比、不平衡、不知足"心

盐城直属库党委与联学联建单位共同举行"学百年党史 守初心使命"主题党日活动

理，他着重以思想层面为切入点解决问题，通过组织老员工看企业新貌谈感想、干部员工参观红色教育基地等活动，引导员工横向看激发幸福感、纵向比增进工作满意度；组织员工讲身边故事，调动大家干事创业的积极性。

盐城直属库辖区7个分库划转建设时间不一致、基础设施参差不齐、管理水平有高有低，发展极不均衡，其中有2个分库在江苏分公司40个分库考核中曾经排名倒数几名。为此，薛金文亲自拟方案、定制度。2015年，盐城直属库辖区探索建立"安全管理、储粮管理、资金管理"三项考核制度。2017年，出台了《中央储备粮盐城直属库细化管理巡查工作实施办法》，每月对7个分库党群纪检、综合、安全、仓储、监管、财务、轮换购销等7个方面工作实施细化管理巡查、评分、通报，考核结果与年底的评先选优、

薛金文（中）带领干部员工学习细化管理巡查工作方案

工资总额挂钩；同年又推出"星级党支部"创建方案，9个党支部先后通过创建、考评、验收，把加强党的建设、全面从严治党管企落实到每一项业务、每一个环节、每一位员工。

从此，盐城直属库构建起了"两条线、两支撑、两张网、两融合"的管理模式，即以星级党支部建设为党的建设考核主线，以党委工作制度为支撑、现场考评为着力点，形成党委、9个党支部全体党员组成的党建管理网，党的建设管理考核中融合企业经营管理的考核内容；以纪化管理巡查为企业经营管理考核主线，以企业经营管理制度为支撑、现场考核检查为着力点，形成公司5个科室、7个分库全体员工组成的综合管理网，经营管理考核中融合党的建设考核内容。在新管理模式实施过程中，薛金文多方征求干部员工意见建议，不断完善制度体系，促进党建与业务融合发展。在此基础上，他坚持原则、敢于动真碰硬，本着"奖前、惩后、激中"原则，对全年综合考评得分倒数第1名、第2名的分库（科室）严格兑现惩罚。

通过创新织密"两张管理网"，盐城直属库充分发挥考核"指挥棒"作用，辖区内形成了比、学、赶、超的良好氛围，薛金文提出的"稳中求进、进中求好、好中求优"发展目标逐步得以实现。2019年10月，受江苏省粮食和物资储备局邀请，薛金文在全省粮食系统专项工作会议上介绍了盐城直属库的管理经验。

无私奉献，创新中谋求发展

企业稳定了，人心稳住了，如何在创新中提质增效、更好地发展，又成为摆在薛金文面前的一道难题。他坚定不移顺势循道、主动作为、甘于奉献，不仅在第一线指挥，也在第一线冲锋，为企业发展付出了大量心血和汗水。

薛金文主动作为，对内广泛宣传，建立党建、廉政、企业文化三个宣传阵地，带头践行"责任、感恩、团结、诚信"的价值理念，倡导"忠诚、敬业、干净、友善"的企业文化；对外协调关系，多方宣传，带队参加盐城市政府夏粮收购新闻发布会，宣传中储粮"主力军"作用，中央和江苏省、盐城市相关主流媒体都对盐城直属库的改革发展成果进行了正面报道。

在此基础上，他带领辖区干部员工乘势奋进，优质高效地落实集团公司和江苏分公司下达的各项目标任务，2017 年，创下了单日进粮 1700 余吨的进粮记录；2018 年 6 月，仅用 15 个晴天就收购入库 1.7 万吨中央储备小麦。近年来，国家有关部门和集团公司对直属企业安全储粮管理作出一系列具体规定，他严格按照制度要求创新推进"两档一才"建设，在辖区推广建立单仓管理档案、粮食质量档案，所有收储库点统一规范模式；推进人才队伍建设，他到市总工会、市人社局、市发改委进行商谈，为中储粮技能竞赛单独设立"五一劳动奖章"，牵头联合举办中央事权粮管理盐城区域职业技能比赛。3 年来，辖区先后有 65 支队伍 130 人次参与各类技能竞赛，促进干部员工专业技能水平不断提升，先后有 3 人获得盐城市五一劳动奖章，10 人次获得盐城市五一创新能手、4 人次获得盐城市技术能手。2018 年、2019 年，盐城直属库连续被评为江苏省部属企业职工十大科技创新成果，2020 年，获评集团公司科技创新二等奖，为守住管好"大国粮仓"提供了科技与人才支撑。

2015 年至 2020 年，盐城直属库累计收购最低收购价粮 509.11

盐城直属库荣获集团公司"标杆库"荣誉称号

万吨，为农民增收 4 亿余元，取得了政府、农民、企业三方满意的良好效果。在做好粮食收购工作的同时，薛金文创新轮换购销方式，推动企业轮换购销运营机制改革，实现了稻谷销售逆市盈利的可喜业绩。2015 年，盐城直属库粮食轮换购销扭亏为盈，实现利润 85 万元；2015 年至 2020 年，企业去除轮换补贴后累计实现轮换利润 2300 余万元。2020 年，中储粮集团公司启用中央储备粮轮换购销网上竞价新模式。当年市场行情上涨较快，多地出现了农民惜售局面，稻谷和玉米轮入遇到了前所未有的困难。薛金文带领企业干部员工及时应对，广泛动员，想方设法联系客户，积极协调 9 个县（市、区）10 个地方粮食企业、1 个民营企业给予支持，及早锁定粮源，共计轮换 4 个品种 11 万吨中央储备粮，率先在江苏分公司辖区全部完成任务，实现利润 349 万元。2021 年，盐城直属库有 4.47 万吨中央储备小麦轮换任务。他认真研判市场走势，通过集体决策，在中储粮网上竞价购销，盐城直属库顺利完成全国竞价采购新粮"第一拍"。

2016年，薛金文被授予"盐城市劳动模范"荣誉称号；2019年，被授予"中国储备粮管理集团有限公司劳动模范"荣誉称号。2020年度，盐城直属库被集团公司评为"标杆库"。

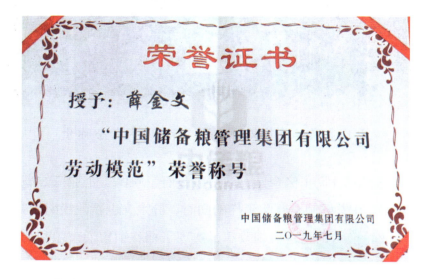

薛金文获得"中国储备粮管理集团有限公司劳动模范"荣誉称号的证书

严以律己，强监督建廉洁粮仓

风清才能气正，正人必先正己。习近平总书记指出，各级领导干部特别是主要负责同志必须切实担负起管党治党政治责任，始终保持"赶考"的清醒，保持对"腐蚀""围猎"的警觉，把严的主基调长期坚持下去。薛金文始终将习近平总书记关于全面从严治党的重要论述牢记在心。

在企业管理中，薛金文向干部员工作出"向我学，我把自己放在大家的监督之中行使职权"的承诺。在盐城直属库近年来的发展中，当过兵的薛金文始终做到抓纪律时严肃、干工作时务实、带队伍时用心。每每遇到事情，他首先想到的是自己共产党员的身份，坚持冲在前、作表率。他说："作为'一把手'，就是要作好表率，起个带头作用，做给员工看，真正成为榜样。"他是这样说的，也是这样做的。2016年春节，薛金文为照顾其他班子成员回家过节，自己主动留守企业值班，除夕年夜饭只吃了一碗牛肉面；外出到辖区内库点调研、检查时，一律不接受公务宴请，用实际行动在干部员工心中树立起了标杆。

薛金文努力践行集团公司纪检监察组"守粮仓、捉老鼠、保平安"的庄严承诺，着力建设廉洁粮仓，坚持"管人"和"管粮"并重，

盐城直属库廉洁从业教育文化长廊

压实"两个责任"。每年都组织召开辖区党风廉政建设和反腐败工作会议，层层签订全面从严治党责任书、廉洁从业承诺书；开展警示教育活动，带头讲廉洁党课、诵廉洁经典，建设廉洁从业教育文化长廊，在辖区内营造崇廉尚洁的良好氛围。

盐城辖区分库和委托库点较多，充分发挥基层群众监督作用对于各项业务工作开展尤为重要。薛金文按照集团公司党组和纪检监察组及分公司党委、纪委的要求，结合辖区实际制定了《盐城直属库监督执纪工作指南》，为监督小组履行监督职责明确了方向，推动全面从严治党、全面从严治企向纵深发展。盐城直属库根据监督小组成员业务特长进行合理分工，把监督小组成员的监督职责融入合同会签、物资采购、零星劳务用工、福利计划、资金使用、固定资产报修、业务招待等业务审批流程，强化日常监督工作；部署监督小组成员全程参与月度细化管理巡查工作，对7个分库、5个科室的仓储、安全、监管、购销、财务、综合、党群工作检查过程实施全程监督，抓早抓小、防微杜渐。在集团公司党组巡视整改、江苏分公司党委巡察整改和公司细化管理巡查整改工作中落实监督职责，督查整改落实情况。辖区各分库监督小组结合本单位重点工作，跟踪监督"标准仓、规范库"创建、粮食出入库作业、基础设施建设等流程，依规依纪依法开展监督工作。在专项监督上强化，抓住关键人、管住关键事、守住关键点，在"靠粮吃粮"专项治理、以案为鉴以案促改建立长效机制、疫情防控等专项监督上不断加大监督工作力度，从源头监督、全过程管控，努力营造风清气正的政治生态。

注重人文关怀，在暖人心中激发潜能

薛金文刚到盐城直属库就任时就敏锐地认识到，在企业人心不稳的情况下，如何拴住人心、激发士气，是一切工作的前提和基础。为此，薛金文把企业文化建设与传承盐阜老区"铁军"精神、打造盐城中储粮铁军队伍相结合，将爱企业、爱员工的情怀落实到各项具体工作之中，让员工对企业有更多的自豪和期盼。

薛金文常说，员工是企业生存之本，企业是员工生存之源。2016年，盐城直属库建立起覆盖全辖区的工会组织，注重"以党建带工建、以工建促党建"，引领工会群团组织发挥作用，形成了独具特色的"1+5"家文化："1"即公司工会与盐阜公路集团工会签订"联手兴家"协议，结成对子，更好地建设模范职工之家；"5"即与5家地方部门建立起有事"说一声"的互助联盟，范围涵盖卫生防疫、供电、自来水、大中院校、通信等不同领域。2020年夏粮收购期间，因电路故障，盐城直属库相关设施设备无法启动，薛金文协调供电公司专门安排移动发电车到库区单独供电保障收购，既满足了中央储备粮轮换入库作业需要，又解决了辖区250余个委托收购库点百姓卖粮无法实时结算的困难，辖区累计收购最低收购价小麦87.6万吨。同时，盐城直属库还搭建起家企沟通平台，企业领导班子成员利用业余时间走访慰问干部员工家庭，让其家庭成员了解企业发展和干部员工工作情况，从而支持干部员工安心工作，让干部员工体会到家的温暖。

盐城直属库有患白血病、尿毒症、肝癌等重症员工8人，这些人因患重病导致家庭困难，如果关心帮扶不到位极易引起不良影响。库里有一名经历了两次换肝手术的普通电工，妻子患有胰腺癌，无工作无收入，家中还有多病的老父亲需要照料。肝病折磨和高额医疗费用让这名员工家庭承受了巨大压力，并由此陷入绝境。薛金文经常与这名员工进行沟通，组织有关同志看望慰问，并安排专人为其做好困难帮扶申报工作，向集团公司、地方工会申请特困帮扶资金 409850 元，市总工会每年给予其帮扶资金。这名员工给集团公司送上锦旗和感谢信，"感谢中储粮这个大家庭，是中储粮给了我二次生命，挽救了我的家庭！"2018 年 5 月的一天，这名员工回到直属库，喜笑颜开地给大家分发着红蛋，说："我小外孙出生了，请大家尝尝喜蛋。今天就是想和大家讲讲我的感受，想当面向企业、向关心帮助我的薛主任和同事们说一声感谢……"通过与盐城市总工会积极协调，现在直属库内的大病员工，每年市总工会都会给予一定的特殊解困资金。

盐城直属库共有退役军人 50 人，其中在岗退役军人 22 人，占在岗职工总数的 13%。薛金文把稳定退役军人队伍作为维护企业发展进步的切入点，用心用情关爱老兵，倡导创建"戎耀之家"，让退役军人切身感受到当兵的荣耀。射阳分库有一名参加过对越自卫反击战的退役军人，退役后感到组织对他的政策落实不到位，一度很消沉。薛金文来盐城直属库工作后，多次与这名退役军人交流谈心，鼓励其发扬人民军队优良作风，立足岗位作贡献。2019 年"八一"建军节前夕，盐城直属库组织开展"迈上新征程、铸就铁军魂"退役军人报告会。薛金文专门让这名员工向大家作对越作战报告，讲述他在对越自卫反击战战场上的亲身经历，忆初心、说铁军、谈使命。潜移默化中，这名老兵逐渐转变思想，对组织心怀感

　　薛金文（左一）看望慰问公司员工、对越自卫反击战二等功获得者陆佐祥同志

　　激。在薛金文带领下，盐城直属库辖区各个岗位上的退役军人始终保持和发扬军人本色，涌现了一批"特别能吃苦、特别能战斗、特别能奉献"的模范典型，其中有人荣获集团公司劳动模范、集团公司科技创新二等奖等荣誉。

　　通过一系列学习教育活动和定期开展的交心谈心、"世界粮食日"主题宣传、员工军训拓展训练等活动，薛金文积极引导辖区干部员工从思想上认同"铁军"精神，不断传递向上向善的正能量，营造了团结、和谐的企业氛围。近3年来，盐城直属库先后被评为盐城市巾帼建功先进集体、"安康杯"竞赛优胜单位、盐城市模范劳动关系和谐企业、盐城市优秀退役军人之家。2019年4月，直属库顺利通过了江苏省退役军人"戎耀之家"考核验收。

对于薛金文来说，每一份荣誉和鼓励都是奋发作为的新起点，每一项困难和难题都是继续前进、挑战自我的新动力。怀揣着对中储粮事业的满腔热情，他始终以共产党人的责任担当，团结带领盐城直属库干部员工，在践行新时代中储粮职责使命中书写更加壮丽的新篇章。

（执笔：杨赞，中储粮集团公司纪检监察组综合室副主任；曹建伟，中储粮江苏分公司纪检监察处处长；田敏，中储粮江苏分公司盐城直属库党委办副主任。）

此文采写于 2021 年 8 月 27 日

天涯海角"守粮人"

——记中储粮集团公司劳动模范，海口直属库原党委书记、
总经理唐易

  32 年前，23 岁的唐易大学毕业，离开了山清水秀、人杰地灵
的三湘四水，投入海南特区建设的大潮中，从此与海南这片热土结
下了不解之缘。2002 年，唐易被调到中储粮海口直属库工作。进
入中储粮系统 20 多年来，唐易始终坚守初心、扎根一线，不改本

色、敢抓敢管，将粮食事业作为毕生追求，生动诠释了忠诚党的事业的赤子之心，为实现中储粮"两个确保"的目标忠诚奉献。2020年，唐易荣获中储粮集团公司"优秀共产党员"荣誉称号，2022年荣获中储粮集团公司系统"劳动模范"称号。

梦想起步，怀揣储粮"初心"

唐易小时候，经历过"缺粮"年代的父母时常教育她"一粥一饭，当思来之不易"。受父母亲潜移默化的影响，她对粮食有着一种深切的感受，还有着一份坚定的执着。高考结束后填报志愿，她毫不犹豫地选择报考了郑州粮食学院粮食储藏专业，从此与粮食工作结下了不解之缘。大学毕业后，她主动响应国家号召支持海南建

唐易（右）与同事一起察看粮情

设，只身来到海南省粮食局工作。短短几年时间，就凭借出色的工作表现在海南粮食系统出了名。那时候大家都知道，省粮食局有一个漂亮能干、青春飒爽的姑娘。

2002年，海南中储粮正值起步阶段，急需引进高素质人才。省粮食局优秀年轻干部唐易被引进到中储粮海口直属库工作，成为一名中储粮人。为了尽快熟悉掌握中储粮的业务，唐易积极参与粮食保管工作，在一线与男员工一起平粮面、做熏蒸、查粮情、抬设备。海南常年处于高温高湿高盐环境，很多男员工有时都受不了这个苦，但唐易从来没有过抱怨和退却，始终坚守在工作第一线，急难险重冲在前，苦活累活抢着干，身上的衣服常常是湿了又干、干了又湿，原本娇嫩的皮肤也被晒得黝黑。领导、同事常问她辛苦不辛苦，她总是笑着回答："不辛苦，只有这样，才能真正体会储粮工作的艰辛，才能早日成为一名合格的中储粮人。"

后来，因工作需要，唐易担任检验员。她深知责任重大、使命光荣，既要保证进入粮仓内的每一粒粮食都符合要求，也要让群众卖出放心粮、安心粮、顺心粮。为此，她虚心向库里的老同志请教，经常把自己关在实验室里研究检验技术，认真把好粮食质量安全入口关。碰到检验数据出现异常情况，她经常主动分析原因，并反复验证，确保检验过程严谨规范，检验结果准确可靠，用自己的职业素养保证粮食入库品质合格。

海南是全国稻谷收割最早的省份，三亚又位于海南岛的最南端，是保障南海战略目标实现的后方基地，战略位置具有十分重要的意义。但同时，三亚地区的粮食轮换也是众所周知的"两头在外"。每到5月初早稻上市的时候，唐易就开始犯愁，"如何寻找粮源，争取多收粮、收好粮"，成了她和三亚直属库干部员工们心中的头等大事。为了寻找粮源，她经常奔波于田间地头，与种粮农户拉家常，向粮食经纪人宣传中储粮稻谷收购政策……乡间的小路弯弯曲曲、纵横交错，唐易经常很晚才回到粮库。"那时候，我们为了找粮源，看到稻田就钻，也顾不上认路了，等到要返程的时候才发现迷路了，又累又困，干脆停车在路边补一觉，恢复点精神再往回赶，等回到粮库已经大半夜了。但是值得呀，粮源找到了，问题解决了！"唐易笑着回忆说。

唐易（左）在田间地头与种粮农民沟通交流

凭着这股不怕吃苦、忘我投入的劲头，唐易很快掌握了做好粮食工作的看家本领，实现了从一名新兵到"大国粮仓"忠诚卫士的转变。30多年工作中的执着与坚守，唐易参与管理的储备粮仓，中央储备粮综合宜存率100%、质量达标率100%、账实相符率 100%，食品安全合格率 100%，管理经营安全各项指标均为优秀。

事业启航，铸就奉献"决心"

"肩扛千斤谓之责，背负万石谓之任。"2009 年，唐易被提拔为海口直属库副主任，走上了领导岗位；后又担任三亚直属库主任、海口直属库总经理，工作足迹遍布海南岛。面对组织的信任和沉甸甸的担子，唐易主动提高业务水平，狠抓经营管理，推进业务创新，发扬敢打敢拼、永不放弃的精神，团结带领直属库干部员工在"为国储粮、储粮报国"的道路上坚毅前行。

海南岛特殊的生态环境，使储粮保管成本居高不下。如何在复杂的储粮条件下管好粮、储好粮，是摆在唐易面前的大事，也是难事。为提高安全储粮效果，降低储粮成本，唐易从仓储保管一线需求出发，从科技储粮、绿色储粮入手，在三亚直属库成立了科技创新小组，组建起以仓储一线骨干为主力的青年员工队伍，开展了一系列科技储粮试验。4 年多时间，海南辖区先后推广应用了密闭粮堆温湿度调节、基于物联网技术的远程温湿度检测及远程空调控制、远程气体浓度自动检测、气调仓的充气工艺优化等技术，设计发明了薄膜收放机、两种散粮卸车机等设备，改造了老式扒粮机，开展大功率风机一拖二应用等技术试验，实现了直属库储粮设备应用水平的大幅提升。辖区新增"三小"革新技术 38 项、推广应用已成熟的"三小"成果 16 项，其中 5 项取得国家实用新型专利。

2018 年以来，海南辖区所有库区仓房气调充氮储粮技术应用率达到 100%，全部实现了绿色储粮，逐步探索出一条适合海南气

唐易（前排中）与科创小组成员探讨"三小"革新技术

候特点的绿色储粮科技创新之路，在解难题、提效率、节能耗、创效益上迈进了一大步，大大降低了储粮成本，保证了储粮安全。2021年，海口直属库科技创新小组荣获国资委"中央企业科创类专项青年文明号"称号；2020年和2022年，海口直属库两次荣获中储粮集团公司"青年文明号"称号。

2014年7月，十七级超强台风"威马逊"登陆海南，全省受灾人口达320多万，海口直属库租仓点部分仓房受损。危急关头，唐易带领工作人员一头扎进抗灾抢险中。白天，她与大家一起加班加点抢运粮食，与时间赛跑。晚上，她与保险公司人员商议理赔事项，力争将直属库的损失降到最低。当时，海口地区受台风影响，停水停电面积超过 80%，她将"小家"托付给了爱人，全身心投入到单位的抢险救灾工作中，困了累了就在单位宿舍休息。就这样，唐易带领直属库干部员工们连续奋战了一个多星期，按计划完成了抢运工作，理赔工作进展顺利，为企业争取到了最大的合法权益。在海南中储粮，每当有急难险重任务时，每当工作上遇到难题时，干部员工们第一时间就会想到唐易。抢险救灾、出入库作业、保供稳市等工作现场，干部员工一定能够看到唐易那柔弱而又坚强的身影。

2020 年初，新冠肺炎疫情突然来袭，粮食市场一度出现波动，"粮食不够吃了""要多囤粮"等谣言四起，在社会上造成了一波"抢粮潮"。海口直属库作为海南地区保供稳市的重要企业，关键

唐易（右前）疫情期间与党员先锋队的同志们一起进行出库作业

时刻要彰显央企责任担当，做好本地稻谷市场供应工作。由于疫情原因，岛内装卸工人严重紧缺，粮食出库工作受到很大影响。如果不能及时将粮食供应到市场，将会引起更大的市场恐慌和不稳定因素。"我们必须尽快成立党员先锋队，我第一个报名。"紧要关头，唐易靠前指挥，驻守库点，在直属库发动党员成立"党员先锋队"，第一时间奔赴作业一线，验粮质、移机械、扒粮堆，亲自上阵进行稻谷装卸作业。在出库作业现场一天忙下来，唐易经常是满身的灰尘和汗水。干部员工们被唐易这种忘我工作、带头拼搏的精神所感动，斗志更坚了、干劲更足了，在短时间高效完成了出库任务，有力保障了海南粮食市场供应。唐易用实际行动践行了"大国粮仓"忠诚卫士的初心使命，做到哪里任务险重，哪里就有党组织坚强有力的领导，哪里就有党员当先锋作表率，让党旗始终在粮食储备工作一线高高飘扬。

2017年11月，时任中储粮总公司党组纪检组组长欧召大到三亚直属库调研，并与直属库全体干部员工座谈交流党的十九大精神学习体会。那时，三亚直属库主任唐易刚刚兼任党支部书记，对于如何当好党支部书记、如何全面从严管党治企，还处于摸索阶段。"我当时就向欧组长请教了这个问题，欧组长非常亲切务实，耐心地指导我要一手抓政治、一手抓业务，要坚持'管人'与'管粮'并重，把党建与业务同谋划、同部署、同见效，以高质量党建来引领企业的正确发展方向。从那时起，我逐步理清了工作思路，也明确了管党治企工作应该怎么干。"唐易回忆起这段经历，十分感慨。

2018年，唐易转任海口直属库党委书记。当时，海南辖区的直属企业实行一体化运作，海口直属库是中心库。面对点多、面广、

2023 年 6 月 7 日，中储粮集团公司纪检监察组组长、党组成员欧召大（右一）到海口直属库看望慰问唐易（中）

情况复杂的实际状况，她切实担负起了管党治党"第一责任人"职责，带着大家一起干。她经常对大家说："组织上把这个担子交给我，我必须做到守土有责、守土尽责。只有这样做，才能对得起组织的信任。"她坚持把党建融入中心工作，推行"对标、管理、提升"工作方法，主动钻研各项业务工作，善于运用新知识、新技能解决工作中的难题。她经常带队深入基层一线，分析各库区党建和业务工作短板，并有针对性地加以解决，有力促进了辖区党建工作高质量发展。她时常说："干工作要敢啃硬骨头，要做就要做到最好。"干部员工提到她时，都说道："唐书记身体力行为我们上了生动的一课。"

唐易（中）带领三亚直属库党员干部开展主题党日活动

经过不懈努力，海口直属库2018年以来连续3次荣获中储粮集团公司、广州分公司"先进基层党组织"称号，2019年至2021年连续3年被评为广州分公司先进单位。2020年海口直属库获得中储粮集团公司技术进步二等奖，2020年、2021年荣获集团公司"标杆库"称号，2022年获评中储粮集团公司"一优四强"红旗党支部。

真情守护，谱写赤诚"丹心"

回首唐易32年的工作经历，对她的称呼由过去的"小唐"，变成了唐姐，再到现在的"老唐"，变的是称呼，不变的是辖区干部员工对她一如既往的认可、信任和尊敬。她用自己的一言一行践行勇于拼搏、无私奉献的精神，生动诠释了中储粮人深深的家国情怀。

作为女儿，她是忠孝难两全的"孝顺女"。在单位，唐易是雷厉风行、敢做敢当的"女汉子"，但在家中，她是三个姐妹中的老小，是父母最疼爱的孩子。由于工作繁忙，唐易30多年与父母聚少离多，没有很好地陪伴照顾父母。对此，她充满了愧疚，她总说："对待工作，自己竭尽所能，无怨无悔了；但对于父母，自己内心更多的是亏欠，是不舍。"唐易深知，自古忠孝难两全。既然选择了粮食事业，就要在保障国家粮食安全的重任中发挥自己的作用，尽一份微薄之力，这也是让父母引以为傲，对父母辛勤培育最好的回报。

作为母亲，她是左右兼顾的"定盘星"。唐易在三亚直属库担任主任期间，正值儿子读高三、迎高考的关键阶段。由于工作繁重，唐易没有时间陪孩子学习，致使孩子成绩出现较大幅度下滑。她看在眼里、急在心里。当时正值本地稻谷收购的关键时刻，对于三亚直属库这样的亏损企业，在本地多收购一些稻谷，就能为企业控亏减亏工作赢得主动。白天，她深入田间地头，联系客户，寻找粮源，全力以赴加大收购进度。晚上，她又要抽空关心孩子学习，打电话跟儿子交流谈心，让他保持发愤状态。她对孩子说："儿子，妈妈现在没有办法时刻陪在你的身边，但我相信你能做好自己的事情。妈妈要做一个对单位、对岗位负责任的人，你也要做一个对自己未来负责任的孩子。"由于工作任务重，原来每周回家一次的频率变成了半个月一次，后来是一个月一次。两边都是沉甸甸的责任，唐易毅然舍小家顾大家，选择了守护国家粮食安全的重任。那一年，三亚直属库提前完成了夏粮收购任务，收购价格和质量同比均好于往年，为企业控亏减亏赢得了主动。孩子经过自身努力，也考上了理想的大学。

作为同事，她是严管厚爱的"贴心人"。唐易为人正直公道，在工作中她是严谨较真的"唐总"，在生活中她又是亲切热情的"唐姐"。她竭尽全力为员工着想，解决大家工作和生活上的烦心事、揪心事，让员工感受到大家庭的温暖。三亚直属库有一个外地招聘的年轻大学生，开始时在工作中找不到方向，感到很困惑，压力很大。唐易经常与其谈心交流，帮他制订人生目标，将其个人规划与企业发展联系起来，给了他更多展现自己的机会和平台。通过"润物细无声"的影响，这位年轻员工逐渐调整了状态，走出了困境，全身心投入到了工作中，很好适应了企业的发展节奏和步伐，如今已经成为业务部门的骨干力量，当起了新员工的师傅。这位员工说：

唐易（右）与三亚直属库员工谈心谈话

"从唐总身上，我感受到了集体的温暖，有了信心。在这个大家庭中，自己没有理由不努力工作。我要通过更好的表现来体现自己的价值。"

2023年4月19日是唐易的55岁生日，这一天对唐易来说格外重要，组织上宣布了唐易光荣退休的决定。但对于她来说，对粮食工作的挚爱早已融入血脉、深入灵魂。这一天，唐易在笔记本上写道："自己的青春奉献给了热爱的粮食事业，自己的职业生涯在中储粮得到升华。作为一名工作和生活在天涯海角的中储粮人，我见证了中储粮事业的成长与辉煌，我热爱我的事业，无愧于这个时代，无悔于我的辛勤付出。"

（执笔：张琳琳，中储粮海南公司三亚直属库党支部书记、副总经理；陈明明，中储粮集团公司纪检监察组信访案管和干部监督室副主任。）

此文采写于2023年7月28日

祖国西南边陲粮仓的一朵"金花"

——记中储粮集团公司劳动模范，云南分公司文山直属库
党支部纪检委员、副总经理王鑫

"灭火行动组对现场再次进行地毯式检查，消除一切火灾复燃的可能；警戒疏散组继续保持警戒，事故调查结束以后方能解除警戒……"一场模拟火灾处置的消防应急演练正在中央储备粮文山直属库进行，指挥演练的是该库党支部纪检委员、副总经理王鑫，一个一心守护西南边陲粮仓安全的中储粮人。

1989 年出生的王鑫，大学毕业后通过应聘方式进入中储粮云南分公司，先后从检斤员、保管员、仓储统计员等基础工作做起，曾任仓储保管科副科长、综合科科长、党务专干等。如今，34 岁的王鑫已经从表面上看起来弱不禁风的女生，成长为一名可以独当一面的直属库领导班子成员。

勤奋好学，储粮专业的科班生

"我在中原大地出生、长大，学的是储粮专业，来到云南工作，是一只往祖国西南边陲飞的孔雀……"王鑫总是这样介绍自己。

她的家乡在河南新密，被誉为"中国羲皇文化之乡""岐黄文化发祥圣地"，农耕文明源远流长。在父母的影响下，生长在农家的王鑫很小就知道存粮储粮的重要性。20 世纪 90 年代，新密的粮食产量已经相对充裕，但父母还是保留着每年存粮的习惯。"仓中有粮心不慌"，老一辈经历过饥荒的人常常这样说。儿时的王鑫经常跟随母亲在春天里下地播种，秋天后捡麦拾穗，筛净晾干粮食后，父母总是要把存粮的屯装满后才将多余的粮卖出。

在父母的耳濡目染下，王鑫从小就懂得存粮的基本技能，也对此有浓厚的兴趣。那时的她总是在想："如果我能把所有的粮食存着一直不坏，那家里明年就不用种粮了，父母也不用那么辛苦，就不用天天下地干活了。"

兴趣是最好的老师。高考填报志愿时，王鑫毫不犹豫地选择了自己喜欢的粮食生产储存专业，进入河南工业大学食品科学与工程学院学习，她立志成为一名为国储粮的"守粮人"。虽然王鑫知道存粮储粮并不是儿时想的"粮食存得多，明年就不用种地了"那么简单，但她坚信自己所学能最大限度减少粮食损耗，因此她非常努力地学习。

经过 4 年系统专业的学习，到了应用知识的时候，王鑫却在就业上犯了难。中原地区粮食存储行业经过多年的发展已经非常成熟，专业人才济济。要留在父母身边，在家乡就业竞争极大；想从事所学专业的工作，就得背井离乡找工作。经过激烈的思想斗争，她做通了父母的工作，只身一人来到中储粮云南分公司应聘，为的是追求自己一直以来的储粮报国梦想。

上班后，王鑫一心扑在工作上，将所学专业运用到自己热爱的事业中。经过三四年的历练，她已经成为云南分公司辖区直属库的业务骨干，年度考核连续多年获评优秀，取得（粮油）仓储管理员高级技师、粮油保管员高级考评员和工程师资格。她也深

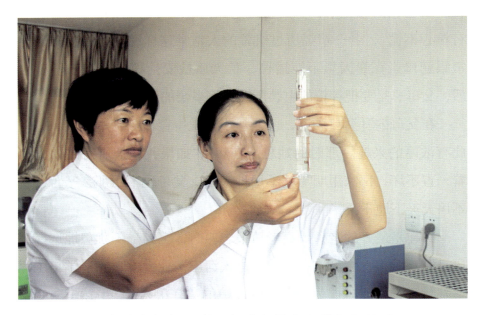

王鑫（右）与同事一起进行粮食化学指标检验

深爱上了这片七彩纷呈的红土地。2015 年，相恋 4 年的男友也追随她来到云南，在苍山洱海之畔结婚成家。从此，王鑫成为一朵绽放在祖国西南边陲粮仓的"金花"。

踏实肯干，轮岗历练的多面手

初入职时，王鑫也曾有过理论与实践难结合的困惑，重复单调的工作一度让她怀疑所学的专业知识用处不大。但她从小有着不服输的韧劲，决定从零做起，开启从实践到理论的"逆向学习"模式。在日常工作中，她注重行业归类，整理各项业务的普遍规律；完成本职工作后，她一刻也不愿闲下来，在较短的时间内，迅速熟悉公司系统的各类政策文件、规章制度，学习储粮技术规范；认真撰写学习心得，使理论和实践有机结合。逐渐地，她的

王鑫（右）与同事一起在仓内检查粮情

思路变得清晰，工作起来得心应手。

在楚雄和大理直属库工作时，为了掌握一项储粮技术所需要的数据，她经常一个人爬到仓房内，详细记录每一个时段的气温、仓温、粮温的变化情况，经过比对分析，掌握了最为准确的试验数据。紧接着，她运用这些数据，针对粮库地处中温低湿储粮生态区的实际，结合"粮食平衡绝对湿度曲线图"和当时机械通风的条件，组织开展玉米保水降温通风试验。通过收集的数据，科学制定了通风降温减损方案。她和同事们将氮气气调储粮、智能通风、空调控温储粮技术在公司应用推广，抑制了虫害的繁衍滋生，杜绝了无效和有害通风，延缓了库存粮食脂肪酸值、黄粒米等指标的变化，确保了库存粮食的安全。

2021年8月，王鑫到德宏直属库担任综合科科长后，迅速转换角色适应新岗位要求，做好内外沟通协调、文稿起草、会议活动策划等工作，并担起协助库里领导班子组织开展粮食购销领域腐败问题专项整治的重担，按要求完成专项整治各个阶段的工作。她组织梳理党建、纪检监察、综合、财务、仓储、安全生产等方面的法律法规和标准规范900余项，健全德宏直属库的规章制度，为企业的合规经营奠定了坚实的制度基础。

2011年和2012年，王鑫被云南分公司大理直属库评为"优秀员工"。2013年，她被云南分公司滇西片区评为"优秀共产党员"。2014年，她被云南分公司大理直属库评为"优秀中层干部"。2016年，她被中储粮集团公司评为"劳动模范"。2020年，她被云南分公司评为"优秀员工"。2022年，她被云南分公司德宏直属库评为"优秀员工"。2023年，组织上将她提任为中央储备粮文山直属库有限公司党支部纪检委员、副总经理。12 年里，王鑫先后在中储粮云南分公司昆明直属库实习，在楚雄、大理、德宏直属库工作，从普通的检斤员、保管员做起，兢兢业业做好本职工作，历经多岗位锻炼，逐步成为一名储粮工作的多面手。

"学习能力也是生产力。只有学习，才能为不断出现的问题提供解决方案。"谈及这些年的工作，王鑫深有感触地说。正是这种勤奋好学、踏实肯干的精神，让她无论在什么岗位上工作都能取得出色的成绩。

敢于创新，科技储粮的钻研者

身为中储粮人，王鑫深知科技储粮的重要性，从未忘记自己的专业。不管岗位如何变动，她始终把科技储粮作为自己的第一要务，参与、组织开展各类实验，收集第一手资料，将新成果、新技术运用到粮食储藏各个环节。

在玉米冬季保水通风降温试验中，需要掌握库区冬季夜间气温和湿度变化数据，王鑫冒着严寒到库区坚守。在通风期间，需要实时关注库区的气温和湿度，根据数据定期开关风机。为了在最佳时间开机，保证通风的最佳时机和最佳效果，她经常在凌晨一两点就起床检测数据。在一次实施玉米冬季保水通风降温试验中，需要取得库区冬季夜间气温和湿度变化的数据，她连续几天晚上坚持深入库区收集数据。晚上十二点前还挺得住，但是到了凌晨三四点，她有些扛不住了。云南冬季晚上的风很大，冷风顺着衣领钻进身体，冻得她直打哆嗦。有好几次她都想退缩了。但想到如果半途而废，大家的努力就白费了，她还是强撑着从床上爬起来。有了翔实的

王鑫在检查消防器材规范化、标准化管理落实情况

数据，这项实验终于取得了可推广运用的成果。2019 年至 2020 年，大理直属库冬季通风水分损失在 0.14 个百分点，水分损失越来越小。

多年来，王鑫始终在科技储粮方面努力探索，不断取得新的成果。她和同事在《氮气储粮应用实践》《粮油储藏》《粮油仓储科技通讯》专业刊物上发表《氮气储粮与磷化氢杀虫效果对比试验》《平衡区域保证效率通风与保水通风》《利用高温低湿气体对高水分玉米进行就仓干燥》《中温低湿储粮生态区夏季不同控温储粮技术的探讨》等论文，并不断取得摄像头快速安装改造、环流管道密闭隔热改造等"三小"发明成果，切实将自身专业优势转化为科学储粮生产力，大大降低了粮食存储损耗。

坚韧执着，业务精湛的带头人

只有亲眼看着仓库里的粮食才能安心，这是王鑫工作多年来养成的习惯。她从入职时的基层员工做起，后来被提拔为中层干部，到现在担任文山直属库党支部纪检委员、副总经理，工作从简单变得复杂，也更加繁忙，但她始终坚信，确保国家粮食安全才是中储粮人的核心理念。

王鑫说："我们就是守护饭碗的人，如果让已经在碗里的粮食坏了，那怎么对得起国家和人民？"她始终坚持"宁流千滴汗，不坏一粒粮"的信念，并以此严格要求自己、激励员工。

2014年以来，国内粮食市场曾一度呈现疲软态势，云南分公司辖区稻谷轮换举步维艰，库存粮食管理难度加大，一系列问题接踵而至。困难重重，压力空前。2015年3月，时任集团公司党组主要负责同志到云南分公司调研，要求大家要努力克服困难，坚持不懈做好各项工作，争取实现"大变化"，向集团公司党组交上一份满意的答卷。集团公司领导同志的关怀和激励，给云南分公司辖区广大干部员工注入了强大的精神动力，使大家备受鼓舞。怎样才能把领导提出的"大变化"工作要求落实落细？王鑫陷入了深深思考。她知道，摆在大家面前的任务十分艰巨，但决不能被眼前的困难吓倒，更不能当逃兵。作为仓储科副科长，她选择了从反观自省中寻求突破，在具体抓落实中尽职尽责，搞好协同配合。她认为，要想实现库里工作的"大变化"，关键还是要做好仓储安全等基础工作，因为这是企业发展的基础。基础不牢，地动山摇。王鑫心里明白，决定企业经济效益的关键还是取决于库存粮食的数量质量，要实现这一目标，必须严肃认真做好粮食入库和管理工作。只有这样，企业才能实现"好粮好价"，轮换效益才能得到保证。

王鑫开始重新梳理仓储管理各个环节的工作思路。收购期间，她要求检验人员严格按照国家质量标准和检验程序进行检验，对不符合入库标准的粮食坚决不允许入库。针对装卸工在卸粮期间的违规现象，她立即关掉输送机电源，责令装卸工按照要求规范操作。"必须按照规定干"，这是王鑫经常说的一句话。她知道，装卸工必须按照库里的规定和制度办事，只有这样，大家才能心往一处想、劲往一处使，共同把工作干好。装卸队负责人每次见到库领导后都说："领导，你们这个王科长原则性太强了，平时有些事想通融一下都不行，软硬不吃，我真的服了。"

有一次，她发现清杂整理入库后的部分批次粮食杂质还是存在

王鑫在察看库存粮食质量状况

超标的现象。经过现场查看，她认为以前的"一吹两筛"已经不能满足入库清杂的要求。她及时就此事向库里有关负责同志作了汇报，并提出要增加清杂设备。"一吹两筛"不行，就采取"两吹两筛"。她说："宁可多一道工序，也要确保入库粮食杂质控制在1%以内。"因清杂机无法对小麦秸秆等大样杂质进行有效清理，她就亲自带领保管员到仓内不间断进行清扫。大家觉得既然已经清理过了，就没必要再扫了。她就耐心地给大家解释，不能因为粮食经过清理就可以当作没事了，既然我们发现清理的效果不行，就要想办法解决，明知道不行还睁一只眼闭一只眼，这是对单位不负责任，更是对自己不负责任。说完，她就卷起裤腿，拿着扫帚扫起来。大家被她这种认真负责的精神和干劲感染了，也都没有再多说什么，跟着她一起清扫起来。

针对过去在粮食入库水分扣量问题上执行规定不够严谨的现象，她从两个方面采取了应对措施：一方面，针对已经检化验进行水分扣量，但仍然需要进行烘干处理的粮食入库，她建议库里按照烘干后的粮食数量重新计算水分减量。另一方面，对集并入仓的罩棚仓内粮食，她采取二次复检的方式计算罩棚仓或堆垛期间的粮食水分减量和损耗问题。很快，她的这种计算方式不仅得到了库领导班子的认可，而且也解决了保管员在推行包仓制过程中对库存粮食数量不敢包、不想包、不能包的难题。

王鑫经常说："对于库存任何粮食品种的粮情预判，必须要有可以参考的经验和数据作为支撑。"为此，她很注重平时对各类储粮数据、措施以及经验的收集和积累。她曾经大胆地探索实施减少施药量、加大施药密度的"低用药—快速短期熏蒸法"，促使熏蒸药剂得到有效的发挥，达到了预期熏蒸效果。多年来，王鑫办公室的桌子上一直摆放着《储粮经验积累档案》，那是她参加工作以来收集的不同品种的储粮数据和管理经验。有时同事在私底下议论，说我们只是一名普通的保管员，现在仓房条件这么差，我们只要按照领导的交代干好自己的事情就行了，没有必要那么拼命、干得那么细。也有人说，在云南这个高原缺氧地区，长期以来人们养成做什么事情都不急、要慢慢来的习惯。王鑫说："我们只有在本职工作上尽心尽力，做到'缺氧不缺精神，困难不降标准'，扎实做好自己的本职工作，这样才能不辜负上级领导的关心和激励，彻底改变我们库区的工作面貌。"

2022年9月，王鑫在德宏直属库开展的地产稻谷收购工作中，烘干塔人手紧缺，曾在大理库参加过烘干工作、有经验的她主动请缨承担现场管理工作。在收购期间，她一直坚守在烘干塔，检查机器是否出现故障，装卸人员操作是否规范，现场有无安全隐患，烘前粮食是否出现"夹芯粮"，烘后粮食水分是否达标均匀。高峰时期，送粮车排成长队，芒市高温闷热，高水分的稻谷上盖着篷布，容易发热结露，导致霉变。她立即安排加快过磅速度，戴上安全帽爬上大卡车，一车车拉开篷布检查，发现有霉变风险的车辆及时卸货，确保不让一粒坏粮入车。她和同事在烘干塔苦战63天，终于高质量完成了云南分公司下达的收购任务，取得了收购效果最好、收购量历年最多、日收购和烘干速度最快、产销协作量最多、收购价格最稳的好成绩，为德宏直属库2022年控亏减亏工作作出了突出贡献。

2023年1月，组织派王鑫到文山直属库担任党支部纪检委员、副总经理。她到任的第一件事就是熟悉文山气候数据，并根据粮库所处环境制订仓内专用空调控温及节能效果探讨试验方案，优化夏季控温措施组合。方案一经实施，仓内控温和节能均达到最优效果。始终坚守一线，是王鑫不变的工作作风。按理说，她担任直属库领导班子成员后可以不再参与具体工作，但她仍然坚持每早巡库，与保管员一起完成熏蒸前的封仓工作，背着空气呼吸器进仓检查。

身先士卒，干部员工的学习楷模

2014 年 3 月，大理直属库开展"三项制度改革"。经过充分准备和激烈竞争，王鑫成功竞聘了库里的仓储科副科长一职。

集团公司有关负责同志在大理直属库调研期间说："大理库在教育实践活动中通过'三项制度改革'试图真刀真枪改变企业发展的现状，勇气可嘉。特别是王鑫这个外地同志，经过 3 年多的努力，能够成功竞聘库里的仓储科副科长，实属不易，反映了库领导班子对于储粮专业人才和仓储管理工作的高度重视。"王鑫心里明白，能够竞聘上仓储科副科长，不仅是库领导班子对自己工作的信任，也意味着自己今后身上的担子和责任更重了。库里员工也经常在私底下说："王科长，以后有些具体工作你就不用亲自参加了，做好面上的安排指导就行了。"但王鑫清楚地知道，"火车跑得快，全凭车头带"。自己当上了副科长，今后在工作中更要进一步发挥身先士卒的示范带头作用。只有这样，才能团结和带领库里全体人员共同把工作做得更好。更何况，在她的心底，一直有个想成为一名出色的储粮专家的梦想。

每次熏蒸新粮时，她就会毫不犹豫地背起空气呼吸器，一道与同事们在高温密闭的环境下施药。看着瘦弱的她背上十几公斤的呼吸机，在松软的粮面上跟跟跄跄地认真摆放熏蒸药盘、施放药剂时，同事们关心地对她说："王科长，咱们库自成立以来就没有女同志参与熏蒸粮食，尤其是没有结婚的女同志，以后你还是不要参加了。"王鑫笑笑说："没关系的，我进仓就是想深入了解熏蒸的过程，对做好今后的工作是有帮助的。再说，大家都是一样干仓储工作的，干好仓储工作没有男女之分。"尽管有同事的善意提醒，但是，她还是每次都坚持进仓参加熏蒸粮食，毫不顾忌这个不成文的规定。

有一次，王鑫与保管员在一幢仓内只有一个自然换气口、没有排尘风扇的情况下，利用深层扦样器扦取样品。因为仓内测温点多，空气闷热和灰尘大，好不容易完成了所有测温点的扦样后，大家蜂

王鑫佩戴空气呼吸器准备参与库存粮食熏蒸作业

拥着涌出仓库。当卸下口罩后，大家指着王鑫哄堂大笑，因长时间灰尘与汗水的交融，使得她的脸像是被画了的京剧脸谱。此刻，王鑫心里丝毫没有被嘲笑的感觉，相反，一种幸福的感觉涌上她的心头。紧接着，她又不知疲倦地与同事一起参加烘干塔作业。库里分管领导班子成员知道后，坚决不允许她夜里值班，她就找这名负责同志说，仓储上保管员本来就少，大家都忙一天了，应该让他们晚上好好休息。就这样，她又坚持在控制室里顶着高温值班，仔细控制着烘干速度和粮食品质。

"王鑫年轻能干，专业扎实，工作积极，在她和仓储科全体员工的共同努力下，相信我们库今后的仓储工作能够做得更好。"大理直属库主要负责人和员工在谈到王鑫时一致评价说。而王鑫在谈到自己的工作时却说："我只是做了自己应该做的事情，但做得还不够好，还需要在今后的工作中继续努力。"

情系边疆，新时代大国粮仓的追梦人

时间转瞬即逝，岁月匆匆而过。王鑫到云南中储粮工作4年后，感到每一天都是一个新的开始，就好像昨天才来云南一样。母亲每次在电话中说的话几乎都是重复的："不行就回来。常年一个女孩子在外漂泊，无依无靠的。""赶紧找对象，都26岁了，再不找后面就难找了。"是啊，她的婚姻大事因为与男朋友天各一方而始终没有定下来。一面是自己热爱的事业，另一面是自己4年难以割舍的感情。王鑫在苍山洱海边的小道上冥想着。"我不怕吃苦"，她突然想起自己当初应聘来云南工作时对负责招聘的分公司负责同志说的一句话。是啊！当初的自己在选择前途时是那么的勇敢，现在坚决不能因为个人问题打退堂鼓，更何况自己已经在这里有了很好的工作平台。虽然不是每个人都能选择"从哪里来"，却可以选择"向何处去"。当初既然选择到祖国西南边陲从事储粮报国的工作，那么现在就不能犹豫，更不能后悔。从此，王鑫暗暗下定了决心。

她试探着在电话中对男朋友说："要不然，今年春节回家我去找你父母谈谈。""好，伍是，如果工作做不通，咱们就只能离开云南去天津或者回河南，你要有个思想准备。"男朋友同意了她的建议。经过耐心地解释说服，双方家长被他们的诚意感动了，最终同意他们一起到云南工作生活的决定。王鑫觉得自己多年漂泊的心终于有了理想的归宿。

2021 年，王鑫被集团公司党组抽调参加对安徽、江苏分公司粮食购销领域腐败问题进行专项巡视。巡视期间工作任务非常艰巨

王鑫在检查出库粮食质量状况

繁重，她与巡视组的领导和同志们密切配合，坚持问题导向，有条不紊地开展各项工作。在专项巡视后期，细心的巡视组领导发现，王鑫在工作期间时不时接到电话。为了不影响其他同事工作，她在接到电话后一边捂着手机，一边急匆匆跑出会议室。这种现象持续了几天后，巡视组领导关心地问王鑫，"是不是家里发生了什么事?"王鑫刚开始还装成若无其事的样子，但她眼神中透露出来的焦虑与紧张还是瞒不住。"我爸爸慢阻肺急性发作住院半个月了，这几天医院已经发了病危通知书。"王鑫哽咽着说。"那就赶紧回去"，巡视组领导不容置疑地对王鑫说。"这边的工作基本上快完成了，要不我就这两天把负责的巡视底稿清理一遍再回去"，王鑫的语言中透露着无比的坚定。专项巡视工作在王鑫离开后持续了十几天才结束，其间王鑫还时常打电话询问自己负责的巡视问题汇总工作。

"为国储粮，储粮报国"，一直是王鑫和她的同事们坚守的信念。为此，他们正默默无闻地挥洒着智慧和汗水……

（执笔：郝照吉，中储粮云南分公司西双版纳直属库党支部纪检委员、副总经理。）

此文采写于 2023 年 8 月 10 日

春风化雨润无声

——中储粮浙江分公司玉环直属库原党支部书记、
总经理毛陶然的家风故事

　　毛陶然因为长相老成，大家都亲切地喊他"老毛"。老毛出生在
浙江省江山市——一个浙赣交界的县级市。每年从江西调运到浙江
的粮食不计其数，得天独厚的地理优势也让他从小就与粮食工作结
了缘。从18岁成为一名粮管所防化员开始，老毛就一直在粮食行业
里摸爬滚打，先后担任粮管所所长、饲料厂厂长、国家粮食储备库
主任、地方收储公司总经理等职务。2008年进入中储粮衢州直属库

工作，凭着几十年的粮食仓储管理和购销调存经验，再加上他那股一丝不苟的认真劲儿，毛陶然自然就成了大家眼中的行家里手。

2021年5月，浙江玉环的天气开始有些闷热。夜里12点，夹杂着海风的小雨在窗外淅淅沥沥下个不停，58岁的毛陶然还没有睡意。一根烟燃尽，他转过身又对着办公桌上的6张图纸琢磨起来。毛陶然工作所在的中储粮浙江分公司玉环直属库，最近正筹划着扩建26万吨仓容，相当于再造了2.5个玉环直属库。地质、布局、成本、道路绿化……毛陶然手中的笔不断在纸上画着……这时，手机铃声响起，电话是在衢州江山家里的妻子朱超君打来的，儿子因疫情耽搁只能待在澳大利亚。电话里，妻子的声音又急了一点，这是毛陶然连着第三周对妻子说没法回家。妻子有些火气，但又很快释然，转头又担心起丈夫的身体。

毛陶然一家三口

谈起工作，老毛总是有说不完的话，但熟悉他的干部员工都知道，他心底最引以为傲的不是什么专家之类的头衔，而是他那和和美美、齐头并进的一家子。

白手起家不怕难，心有高峰勇登攀

毛陶然和爱人朱超君都来自农村。20世纪90年代初，老毛在江山县（今江山市）长台粮管所工作，妻子在塘源口小学任教。后来，妻子考入城区学校任教。因为家庭拮据，两口子先是在熟人开的招待所租住了半年，后来搬到了学校宿舍。宿舍是学校用五六十年代的一间平房改造而成的，十多平方米，朝西的门，只有一扇窗，夏天像蒸笼，雨天外面下大雨、屋里下小雨。

因为对各自工作的热爱，两口子对于艰苦的工作环境没有半点怨言，他们相互扶持、相互鼓励。他们一边努力工作，一边开始筹划买房。1994年，7万元左右的购房款对于老毛家来说显然是巨款。虽然购房款是分三期支付，但他们当时既没有能力去办商业贷款，各自家里也拿不出资金支持，每一期房款都是从亲朋好友那里东挪西凑。朱老师回忆，当时从朋友处借的最小一笔款是50元。买房后的第一个春节，在按照约定偿还了部分借款后，夫妻俩只剩下了5元钱。

初为人父母，小孩就患上了严重湿疹，腰背腿脚像剥了一层皮，再加上老毛的父母先后生病，妻子精神压力很大。老毛虽然工作忙得头晕目眩，但他知道，自己是家里的顶梁柱，这个时候更不能慌乱。几经权衡后，他决定请来丈母娘帮忙照看小孩。父母的帮衬让他们度过了最艰难的一段时光。丈母娘总是这样开导

毛陶然夫妇曾经居住过的学校宿舍

他们，养孩子都这样的，爱哭闹的娃儿聪明，要好好带。就这样，老毛两口子每天工作之余，总是对着小不点不停地絮絮叨叨，这样的交流直接激发了孩子的语言天赋。小孩 10 个月就开口说话，蹦出来的话常常出乎人意料。个子还够不着餐桌，看见几个菜碟就夸赞："爸爸妈妈，今天这么讲排场呀！"生活有点艰苦，但也其乐融融。

老毛夫妻都是中专毕业，对待学习，他们两口子从不懈怠。参加工作后，他们一有时间就找机会参加自学考试，先后都取得大专文凭，后来通过函授学习取得本科文凭。夫妻俩常常是哄睡了孩子，再赶紧起来加班学习，常常凌晨两三点才睡觉。在孩子面前，他们始终传递着这样一种信息：你的父母资质平平，但从不敢有一丝懈怠，也从未放弃过努力；你也要勤学好学，要相信笨鸟先飞、勤能补拙，踏踏实实做好自己的事情。在父母的教育熏陶下，一家子经常是"书香满屋"，小孩写他的作业，老毛看他的文件、安排他的工作，朱老师读她的书、备她的课，全家人有条不紊、共同进步。

老毛和朱老师都是共产党员，对待工作更是"无须扬鞭自奋蹄"，哪里需要就到哪里去。1993年，毛陶然临危受命，被组织派去一个濒临倒闭的饲料厂救急。那时的江山市第二饲料厂已经彻底断粮，单位在银行的存款账户里没有一分钱，还拖欠着几十号员工一年的工资。毛陶然靠着粮管所的资源，赊了180吨玉米，带着员工下乡挨家挨户进行调研，调整了过去不受市场欢迎的饲料配方。为了抓质量，他领着所有管理干部从厂长到车间主任，全部下到一线检查每道程序。饲料厂的工作是两班倒，强度很大，但夜班的生产效率却不高。毛陶然连着几个月专拣夜里查岗，发现问题后要求

毛陶然获得的浙江省粮食收购"四好"先进工作者的荣誉证书

立即整改。半年之后，饲料厂总算扭亏为盈。还没来得及歇口气，老毛又被调到了江山国家粮食储备库工作。因为表现优异，他先后被评为浙江省粮食收购"四好"先进工作者、浙江省粮食局先进工作者、衢州市粮食局先进工作者、"江山市优秀共产党员""江山市劳动模范"，也曾担任江山市第八届政协委员。

2008 年，毛陶然被组织选调进入中储粮浙江分公司衢州直属库工作。浙江辖区的稻谷收购主要集中在金华和衢州两地。毛陶然不仅对稻谷行情有精准判断，每年都能为公司控亏减损作出不少贡献，同时，他对粮食仓储管理和轮换购销等业务也一丝不苟。每年7 月份早稻成熟时，老毛往往是赶在早上 5 点前出门，守着轮换购销粮食入库。车辆排队过磅，入库时尘土漫天，他经常带着干部员工忙活到夜里 10 点才收工。

毛陶然（左一）在玉环直属库检查粮情

　　2019 年到玉环直属库工作后，老毛把严谨细致、雷厉风行的工作作风也带到了玉环。每天早上 7 点半前，干部员工总能看到老毛的身影。他坚持每天巡库，查卫生、查设备、查安全，风雨无阻。功夫不负有心人，日复一日兢兢业业地工作，老毛的工作得到了组织的高度认可和干部群众的一致好评。

　　朱老师教书育人也有一股不服输的劲儿。有一年她接手了全年级最让人头疼的一个班，班级里共有 50 个孩子，大部分比较淘气，打架逃学是常事。遇上这样的学生，她从不喊苦喊累、抱怨挑剔，而是像对待自己的孩子一样精心呵护。20 多年前的一天，朱老师意外得知消息，有 4 个陌生男子等在校门口，要接走班里的学生小徐。朱老师本能地警惕起来，叮嘱孩子不要独自离校。自己则悄悄从学校后门出去，到孩子小姨家求证后才知道，孩子父母

朱超君（中）在江山市城南小学辅导学生功课

在外有债务纠纷，对方讨债不成，就来到学校打小徐的主意。她和孩子的小姨约好，放学时要亲自来接，以保证孩子的人身安全。22 年后，小徐专程从哈尔滨回到江山，特意带上妻儿登门向朱老师道谢。

班里的另一个学生，平时爱哭，入学时有严重的注意力缺陷。为了让孩子能大胆地和大家交流，整整 5 个月，朱老师每一节课都这样耐心地教导他："请把你的手搭在我肩上，请你看着我的眼睛，请你听我说，请你跟我做。"当孩子写字、识字时，她也常常握着孩子的手一笔一画来教。课间，其他学生也学着手把手地教他。渐渐地，孩子的学业成绩从 2 分到 23 分，再到 60 分以上。每当孩子取得一点进步，朱老师都会使劲拥抱他，给孩子以鼓励。久而久之，孩子不爱哭了，总是像小尾巴一样跟在朱老师身后说："老师，我跟你说哈……"

这些工作上的心得体会，夫妻俩也时常和自己的儿子小毛交换共享。耳濡目染，小学六年级开始，小毛就开始找到学习的感觉；初中、高中阶段，他心有方向，能够合理安排时间，学得扎实而又轻松。2014 年，小毛通过自主招生考入复旦大学。大学期间，小毛利用一切时间抓紧学习充电，经常在实验室一待就是一天，按照自己的规划搞科研写论文。2017 年，小毛被学校选派到新加坡国立大学交流学习。2018 年，经过层层竞选，小毛以优异的成绩从 3000 多名毕业生中脱颖而出，获得"复旦大学十佳优秀毕业生之星""上海市优秀毕业生"等荣誉，并如愿获得全额奖学金赴澳大利亚墨尔本大学攻读博士学位。

毛陶然夫妇和他们的母亲一起参加儿子小毛的毕业典礼

钱来得清清白白，也花得物有所值

对于金钱的获得和消费，老毛一家子有自己的原则：来得清清白白，花得物有所值。逢年过节，有朋友、同学给红包送礼物，他们就当着儿子的面给朋友诚恳道谢："心意领了，红包礼物不能收。谢谢你一起帮忙教育孩子。"如此坚持，小毛也逐渐明白，世上没有坐享其成的好事，要幸福就要自己奋斗，不劳而获于心不安，读书才是最好的投资！

为了给孩子更好的精神滋养，他们有意识地开始"节约"。"节约"一份朋友邀约逛街应酬的时间来陪孩子聊天、读书、旅行；"节约"给自己买东西的预算用来支出全家都可以享用的花费，比如订刊、购书等；"节约"想要发一次脾气的任性情绪来做美食、大扫除，维持家庭的和谐气氛。老毛花钱更是仔细，一件衣服可以穿10多年，一个搪瓷杯用了20多年也舍不得换……

他们也开始"奢侈消费"。20世纪90年代初，夫妻俩从400多块的月薪中拿出一多半来征订各种书报，眼皮都不眨一下。从小毛3岁开始，朱超君坚持每年一次带着孩子"穷游"，感受不一样的风土人情。旅途中，凡是要和人打交道的事，全部由小孩自己去沟通解决。上小学后，每一次出门前，小孩都自己准备攻略，收拾行李。小学六年级开始，两口子就试着让孩子一个人出门，去杭州、广东、日本参加各类学科竞赛，去加拿大参加夏令营活动。短则几天，长则三四周。

毛陶然与他用了25年的搪瓷杯

他们开始从简单生活中寻求乐趣。老毛常常忙得不着家，但只要有空，他就绝不做"甩手掌柜"。他发挥保管员的强项，主动包揽家里卫生打扫工作，扫地、拖地、洗碗，不留一个死角。朱老师上班、带娃，挤时间打球、跳操。小毛也充满好奇地探索世界，笨手笨脚地学绣花，有滋有味地观察街上来来往往的各种汽车，拆装收音机研究发声的原理，种花、养鱼、养兔子、养乌龟。生活乐趣无穷，探索过程问题不断，他们就一起分析推理，翻书查资料。为了开启孩子的好奇心，老毛奢侈地在家里留出一面墙，让他涂鸦……

热爱生活，方能苦中作乐；乐观善思，才能走更远的路。为家人服务，更让他们彼此感到心安。

平等对话、互敬互爱，在实践中教会孩子成长

在养育孩子方面，老毛两口子的观点出奇地一致。他们从不搞"一言堂"，而是给孩子时间和空间，陪伴孩子成长。

从小毛记事起，夫妻俩就约定，要给孩子充分的话语权和选择权，家里的大事小情都要一起来商量决定。老毛说他儿子小时候不喜欢吃青菜，他就摆事实提建议："我们按三个人的饭量准备的，要是我和你妈全吃了，有点过量，可能会吃撑了。要是倒掉，实在浪费，浪费了食材和我们的时间精力，对吧？为了确保营养，要不，你少吃一点？"小孩也欣然接受："我选最小份的。"尊重孩子就能得到理解！

上了初中以后，小毛想和班里的同学一起选择私立学校，他们夫妻俩也不反对。2008 年，老毛被调到中央储备粮衢州直属库工

作，想让小毛转学到衢州，但小毛也有自己的判断："换个环境适应一个学期，不划算，我考过去读高中吧！"在复旦大学读了一年医学院临床系，小毛想过要换专业，从宿管老师到教授都觉得可惜，老毛夫妻还是支持："你决定了，就不要后悔。"不管对错，都是孩子成长的机会。老毛曾说，他儿子没有出现过青春期叛逆，他们之间无话不谈，亦师亦友。或许，正是这样的"民主"气氛让孩子觉得心安。

说百遍不如做一遍。老毛是粮食企业人，对粮食有天然的亲近感。假期里，他们两口子经常抽出时间带着儿子，到乡下外婆家参加田间劳动半天或一天。炎炎夏日，他们一起下田割稻，手臂被稻子叶片扎得又红又痒，一家人总是咬牙坚持、恪守约定。干完活儿，老毛就带着儿子一起捉泥鳅、摸螺蛳，让孩子实地体验大自然的神奇和生活的艰辛……"所有的辛苦和不易，只有体验过，孩子才有感受，不用说教，孩子自然会了然于心。"老毛说。

老毛夫妻坚信，照顾好自己是人生最重要的事情。无论在家、在外，孩子都不能享有"专业读书人"的待遇，他必须学会生活技能，懂得为家庭付出。渐渐地，炒土豆丝、手撕包心菜这些家常菜已经不能满足孩子的挑战欲，小毛开始研发新的菜式，牛奶炖鸡蛋、自制奥利奥蛋挞等。出国留学前的十来天，小毛每天都在家里围着锅台转，给家人做自己的拿手菜，无声地表达着对父母的感恩之情。

把大家装在心间，合作的喜悦不可言传

老毛常说："关心他人就是关心自己，帮助别人就是帮助自

己。"简单朴素的语言，却有着共产党人独有的"为人民服务"深刻烙印。

　　玉环靠海，受渔民文化影响，寺庙多、教堂多，老毛深知做好干部员工思想政治工作的重要性。在玉环直属库，他每季度都要和干部员工谈心谈话，从综合科到仓储科，从老员工到新员工，从食堂伙食谈到车棚改造再到家庭状况，实时了解大家的思想动态。在谈心谈话上，老毛是下了苦功的，玉环直属库共有 23 名干部员工，一年他与每名员工至少谈 4 次话，算下来就有百来次。谈完后，他还会逐一分析、归纳总结，继而探索出"创优创效创品牌"三创工作模式，通过"党建引领 + 储粮管理"组合拳的方式做实思想政治工作，及时回应群众关切。2020 年，玉环直属库从干部员工中征

毛陶然（中）和干部员工一起检查库存大豆品质

毛陶然在检查库区消防设备

集到 17 条合理化建议，做到了事事有回音、件件有落实。自然而然，干部员工有事就愿意找他；有思想疙瘩，大家也都乐于倾听他的意见建议。

老毛爱吃辣，对海鲜过敏。2019 年，初到玉环任职，库里为照顾他的饮食，特意为他准备了一个辣菜。几餐下来后他自己觉着不对劲，在询问了员工平时的饮食习惯后，老毛紧急叫停了"特殊餐"。

2020 年 6 月，妻子朱超君在上海做了手术，但因为临近汛期，老毛放心不下库里的工作，同时也牵挂刚手术完的妻子，索性带着妻子回到玉环休养。每天中午下班时间，他急急忙忙回到交流干部房给妻子做饭，简单扒拉两口，又马不停蹄回库里工作。库里食堂的厨师好心劝他说，中午时间太赶，不如多做一份员工餐带回去，老毛却很坚决地拒绝了。他知道玉环菜价贵，员工的福利要实实在在用在员工身上，不能因为私事占用干部员工的福利。妻子在玉环养病一个月，老毛没请过一天的假。

2020年8月，台风"黑格比"登陆浙江省乐清市，不到50公里的玉环直属库如临大敌，部分地区降雨超过250毫米，风力一度达到17级。为了确保粮安、人安、库安，老毛带领干部员工值守了几天几夜，一面排查、一面加固。台风登陆的那天夜里，爱摄影的同事给穿着雨衣的老毛拍了一段视频。画面里，皮肤黝黑的老毛眼神里透着坚定，狠狠地抹去一把脸上的雨水、汗水。危难时刻，平时看着精瘦的老毛，硬是带领干部员工撑起了整座粮库。

朱超君获得浙江省"智慧班主任"荣誉称号的证书

妻子朱超君因长时间站立授课，导致腰椎间盘严重突出，有致残的风险，被校长逼着回家治疗。做了手术拆了线，状态刚有好转，她就悄悄溜回了学校。她心里明白，心心念念的孩子们在等她回归教室！32年的一线班主任经历，凭着这样的韧劲，朱老师先后荣获区"优秀共产党员""家庭事业兼顾型教师""江山市十佳班主任""江山市首届名班主任""江山市师德楷模""衢州市模范班主任""浙江省智慧班主任"等30多项荣誉。

受父母的教育和熏陶，为他人着想逐渐成为小毛性格中的一部分。高中住校以后，每逢开学，他总是提早到寝室，扫地擦桌，清洗空调过滤网；假期到山区做公益，为留守儿童辅导作业；高三备考，小毛总是整理好复习资料和同学分享，班里有7个同学都被复旦大学录取……

小毛一直非常孝敬长辈。他总是周到地照顾长辈的心情，尽可能在忙碌中抽空陪伴家人。他会用奖学金给自己安排一次远游，而更多的时候则是给家人买礼物，给家里的老人送上压岁红包，或者给有需要的人捐款……大学毕业时，小毛特意邀请奶奶和外婆参加了他的毕业典礼。他专门给两位老人选择学校招待所一楼的住宿房间，让80多岁的老人可以借机逛逛复旦大学的校园。疫情期间，远在异国他乡，他坚持和家人视频通话，让家里人能够感到心安。

家是最小国，国是千万家。毛陶然无论走到哪里，始终把家风建设作为个人思想道德建设的重要内容。他们一家谦和、踏实、勤奋、合作，互相影响又相互促进。这两年，一家人相隔得比以往更远：老毛在玉环守粮，朱老师在江山教书，小毛更是在远隔重洋的澳大利亚深造。人隔得远，但心却聚得更近了。这些精神财富，不

毛陶然深情凝望他念兹在兹的中央储备粮库

仅帮助他们在各自平凡的工作学习岗位上闪耀发光，更是培育了良好的家风，在潜移默化中也影响了下一代和身边的人。

（执笔：邱忆雯，中储粮浙江分公司杭州直属库党支部纪检委员、副总经理；杨赞，中储粮集团公司纪检监察组综合室副主任。图片：陈宏，中储粮浙江分公司玉环直属库干部。）

此文采写于 2021 年 5 月 18 日

海峡西岸护粮仓

——记中储粮福建分公司厦门直属库原党支部书记、总经理孙水在

　　厦门厦门，大厦之门、开放之门。厦门是"一带一路"陆海枢纽城市，目前正成为海峡西岸乃至华南区域重要的粮油集散地。在厦门自贸园海沧港区，24座浅圆仓鳞次栉比、4座集并仓及现代化储粮设备引绳棋布；一旁的粮食集散专用码头上，大型粮食输送机高效运转，源源不断运粮入库……这里就是中储粮福建分公司厦门

厦门直属库海沧港库区新貌

直属库的场景。厦门直属库屹立在"大厦之门",守护着"大国粮仓",经过 20 年的发展,它已经成为中央储备粮在海峡西岸构筑粮食安全坚固防线的桥头堡。

孙水在曾于 2001 年 12 月至 2019 年 12 月任福建分公司厦门直属库党支部书记、总经理。在任期间,他带领员工白手起家、艰苦创业,创造了企业发展史上的一个个奇迹。他是员工心中的主心骨,为实现"两个确保",坚持以党建引航,聚焦主责主业,因势利导推动改革创新,积极运用绿色储粮技术、信息化技术、智能化技术,为粮食储备管理插上腾飞的翅膀;他是一头永不停歇的"老黄牛",工作起来没日没夜,经常出现在进出仓现场、新库建设工地……

与生俱来的粮食情结

孙水在从小在厦门市翔安区的农村长大，12岁就跟随父母到地里种田。孙水在常说，他是农民的儿子，对粮食有着天然的感情。他学的是粮食储藏专业，用自身所学报答养育他的土地是他永远想做、也想做好的事情。在他眼中，粮仓内小麦、玉米都是有生命的，仿佛就是他的"孩子"。为了照顾好这些"孩子"，孙水在"两耳不闻窗外事，一心扑在工作上"。他以库为家、恪尽职守、无怨无悔，忠诚履行保障国家粮食安全的神圣使命。

1984年，孙水在大学毕业后被分配到厦门市粮油储运公司工作。他立志要做一个为国储粮的护粮人。1996年，孙水在被组织

孙水在（右二）为厦门直属库东渡港库区揭牌

安排在厦门市政府办公厅挂职锻炼。挂职期满后，他谢绝了在市政府办公厅继续工作的机会，回到厦门市粮食收储公司任副总经理。2001年，厦门市东渡港区粮库建成后，拟整体移交给刚刚组建成立的中储粮集团公司。由于当时厦门直属库还没有组建，中储粮南昌分公司福建联络处有关同志想委托厦门市粮食收储公司代理东渡港区粮库的压仓代管工作。对于中储粮的邀请，孙水在欣然接受，并立即带领11名粮食收储业务骨干来到东渡港区粮库，开启了粮库建成后的首批压仓工作。他们克服人手少、任务重的困难，力保新库储粮安全、平稳起步。

2002年1月，东渡港区粮库正式被中储粮集团公司上收为中央直属储备粮库后，集团公司拟在此基础上筹备组建厦门直属库，并考虑让孙水在担任直属库负责人。当时，正值厦门经济特区快速发展阶段，也是年轻干部发展进步的最好时期。亲朋好友们得知孙水在准备从厦门市粮食收储公司调入中储粮直属库的消息后，好多人劝他"别去做傻事，丢了机关单位的'金饭碗'"。孙水在去厦门市委组织部开组织关系转移介绍信时，一位领导忍不住对他说："你是厦门市后备干部，要调到中储粮企业去工作，你真的考虑好了吗？""没问题！"孙水在坚定地说，"我从一个农民的儿子走到今天，都是党组织关心关怀的结果，党的恩情我始终牢记在心。如今中储粮需要我，我义不容辞！"

难忘那激情燃烧的初创岁月

2002年，孙水在从厦门市粮食收储公司被正式调入中储粮集团系统，担任中储粮厦门直属库负责人，承担起组建厦门直属库的神圣使命。组建初期，厦门直属库人财物等方面资源相对匮乏，孙水在没有丝毫气馁，他"厚着脸皮"回了趟"娘家"，从厦门市粮食收储公司借了300万元启动资金，白手起家创建厦门直属库。当时整个库区仅有工作塔和孤零零的12个浅圆仓及2个立筒仓，粮库占地面积只有30多亩，仓容仅有15.2万吨，库区内没有办公楼、没有附属设施、没有围墙，甚至连公用厕所都没有。

孙水在带领初创团队，一切从零开始，开始了无比艰辛的首次创业。2001年12月，为了完成国家交给厦门直属库的中央储备粮压仓任务，孙水在带领压库的几名同志，连续五六天每天24小时奋战在接粮一线。他和同事们饿了就泡一碗方便面充饥，困了就躺在工作塔内的水泥地上休息。冬夜寒风凛冽，孙水在把棉垫让给新来的年轻同事，自己则裹着军大衣席地而睡，有时半夜被冻醒，发

孙水在（中）参加厦门直属库消防技能专项培训

现脚趾头已经冻得麻木。

厦门直属库接收粮食初期，因东渡港区粮库属于代建粮库，机械设备故障率比较高，收储过程中常常出现地沟皮带机盖板不全和变形等问题。为了摸清输送设备情况，每次有粮食进出仓时，孙水在都会亲自下到地沟去实地检查，问题不解决绝不罢休。每次孙水在从地沟出来，就会被粉尘染白了头发和眉毛。当时的港务工人们都不知道这是厦门直属库的负责人，还以为他是库里的设备维修人员。

初创时期，储粮条件十分简陋，浅圆仓无固定进仓查仓设备。要入仓检查粮情，唯一的办法只有从仓顶不到 0.3 平方米的观察检查口进入仓内，顺着软梯爬上爬下，步步艰辛、步步惊险。在压仓阶段，孙水在带领同事们身上绑着安全带，从 15 米高的仓顶，登着软梯像荡秋千一样摇摇晃晃地荡到粮面，每一步都要踩准踩稳，稍不留神就有可能发生意外。有时下仓上仓手脚颤抖、发软，甚至麻木，到了仓内，人就会瘫倒在粮面上，要休息一会儿才能缓过劲来。爬梯上来时，需要两三个人一起帮忙拉上来。就是在这样艰苦的条件下，孙水在带领 11 名员工以过人的胆识和拼命的狠劲，不畏风险、攻坚克难，确保了厦门直属库首批压仓作业顺利完成。

2012 年 7 月，连续超负荷加班后，患有高血压疾病的孙水在有一次血压升高到了 190，双眼视线模糊，几近失明，在同事们一再建议下，孙水在才去医院住院治疗。然而，在经这一个晚上打完点滴血压暂时稳住后，第二天他又立即赶到直属库参加一个重要例会，和同事们一起研究布置工作。

在大国粮仓上做足"绣花"功夫

首批压仓工作顺利完成后，孙水在发现，厦门直属库东渡港区浅圆仓的储粮配套设施很不齐全。如果不解决，不要说储粮安全成问题，就连最基本的粮食质量也无法得到保证。为了能管好粮，孙水在带领直属库干部员工不断突破安全储粮的热点、难点问题，以务实创新、节能降耗的绿色储粮理念为先导，先行先试，开拓了安全储粮技术的新路子，实现了多项重大技术突破。

只要思想不滑坡，方法总比困难多。"处理问题，首先要明确产生问题的原因，才能找到解决问题的办法。"这是孙水在经常对干部员工说的话。多年来，他带领同事们积极开展科技储粮技术攻关，改进储粮设施。他们增设浅圆仓配电箱，确保了查仓照明、取

孙水在（右二）为法国粮食出口协会嘉宾介绍储粮技术

样用电问题；改造自然通风口并安装加固爬梯，确保了保管员能够安全进出仓房检查粮情；把刮板机改造为输送皮带机，解决了可能出现的粮食破碎问题，确保了储备粮的入仓质量；针对仓顶隔热保温效果差、容易渗漏水的问题，他们向福建分公司申请争取了"增加填平补齐"项目改造，解决了仓房漏雨和隔热保温问题。一位老员工深有体会地说："东渡港库区从接收到搬迁，每一步都在升级改造。"16年来，福建分公司先后投入资金1000多万元，用于东渡港库区的技术升级改造，为实现安全储粮和企业平稳健康发展打下了坚实基础。

在此基础上，孙水在带领仓储人员积极探索大型浅圆仓安全储粮技术，结合工作实践总结出"四个三"科学储粮方法，率先掌握南方高温高湿地区大型浅圆仓绿色储粮管理经验，他提出并实施的"应用于粮食筒仓中使用的测温电缆""筒仓仓房中央控温膜下氮气

孙水在（右一）在粮食入库作业现场督导检查

气调储粮技术设备"获得两项国家实用新型专利，"浅圆仓控温气调储粮技术应用"获得中国粮油学会科学技术三等奖，为在大型浅圆仓进行科技储粮提供了技术支撑。

在增强技术保障的同时，孙水在还重视提升粮食仓储过程中的信息化管理水平。他坚持以精细化管理为目标，将智能科技手段引入粮食储备领域，提升粮食储备智能化、信息化水平。根据中储粮集团公司和福建分公司的统一安排，厦门直属库科学运用粮情测控、环流熏蒸、机械通风、谷物冷却"四合一"储粮新技术，逐步达到了低能耗、低污染、高效率的目标。升级改造后的厦门直属库东渡港区以创新为驱动、以科技为引领，不仅拥有先进的计算机管理网络系统，实现了粮情与安全管理的远程监控，还真正实现了"看得见、管得住"。粮食管理不再仅仅依靠报表，而是直接管控到现场、到实地，甚至能实时监测到粮情粮温的即时变化，科技在守住管好"大国粮仓"中发挥了关键作用。

"二次创业"为厦门直属库发展带来质的提升

2014 年，为了支持厦门国际邮轮母港建设和厦门经济特区高质量发展，更好地提高厦门港在国际粮食进出口中的地位，提升国内粮食物流运输能力，中储粮集团公司决定将厦门直属库由岛内整体搬迁至厦门自贸园海沧港区。在此背景下，孙水在带领厦门中储粮人再次全身心地投入到海沧港新库搬迁安置重建的"二次创业"大潮中。

孙水在严格按照中储粮集团公司《关于规范直属库整体搬迁工作的指导意见》的要求，坚持搬迁重建新建库"面积不减、仓容不少、功能不降、资产价值不少"的基本要求，经过多次沟通协调，最终争取到厦门市政府对厦门直属库海沧港库区的政策支持，在用地、仓容、功能、投资等方面均给予了优厚的搬迁安置条件。搬迁重建后，海沧港新库占地面积100亩，比东渡港库区增加了3.3倍；新库区粮食储存仓容21万吨，比东渡港库区增加了38%，中转能力提高了3倍；智能化科技储粮软硬件均实现了转型升级，资产增加了4倍，办公条件、员工食堂等配套设施得到全面完善和提升，为员工创造了良好的工作环境和生活条件。

在海沧港新库建库前期，孙水在主动参与了新库建设规划，并以科学严谨的态度对设计图纸进行了多次修改完善。他带领仓储、设备等各专业攻关小组挑灯夜战、加班加点，认真审阅图纸，结合浅圆仓使用需要改进的问题，提出浅圆仓功能和设备流程等技术

孙水在（左四）参加厦门直属库搬迁安置重建项目一期工程开工典礼

性、实用性方面的建议 500 多条，大部分建议得到了设计单位的认可。在设计初稿中，储粮仓容设计以国标中等小麦为标准确定堆粮线。在考虑了不同储备品种需求后，孙水在根据小麦和玉米容重不同的特点，多次与设计单位沟通，建议在设计新库时分别明确小麦和玉米两条堆粮线，此建议最终得到了设计单位的认可。这样一来，整个库区增加了 4000 吨的实际仓储量，大大提高了仓容利用效率。

为实现海沧港新库全面接卸中转能力的目标和提升储粮智能化科技储粮的需要，孙水在结合新库设计提前谋划、一步到位，从而避免了新库在接收后再次改造和破路安装设备的问题，确保新库移交后全部满足中储粮智能化管理的要求。设计单位的专家对孙水在精益求精、科学谋划的工作作风给予了充分认可，称赞他是"中储粮系统少有的专业型、科技型和具有前瞻性的直属企业负责人"。

海沧港新库建成后，新库区粮食接卸中转能力和智能化科技储粮软硬件水平都得到了大大提升。船运散粮接卸能力达到 2000 吨 / 小时，汽车集装箱接卸能力达到 500 吨 / 小时；机械化出仓能力每小时达到 500 吨，同时配备了两台 100 吨 / 小时的打包机，一套 500 吨 / 小时的散粮定量发放系统；完成了"一平台和云系统"建设（即智能集成控制平台和智能出入库、粮情远程监测、智能安防、数量在线监测、智能通风、智能气调系统），浅圆仓全部配备阀控式防分级系统、智能车辆引导系统等先进的储粮配套设施。这些现代化设施设备，使海沧港新库真正成为集粮食储备和物流中转于一体的机械化、自动化、智能化新型粮库。

关键时刻显担当。在疫情防控紧要时刻，厦门直属库按照中储粮集团公司的统一部署，迅速响应，积极行动，第一时间打响应急保供战，在市场需要时投放近 10 万吨粮食，保证了市场供应，稳定了粮食价格。

中储粮的工作容不得半点马虎

在孙水在看来，中储粮的一切工作以粮为本、守粮有责，责任重大、使命光荣，必须坚持原则、坚守底线。

孙水在工作中始终坚持务实作风，提出"干工作、抓管理就要提倡'现场主义'"的思路。在新库建设过程中，他每周都要深入施工一线，本着"安全第一、质量至上"的原则，加强工地监督管理。寒来暑往、岁岁年年，孙水在冒着酷暑、顶着严寒，与建库办的同事们一起督促各参建单位加强安全防范，对于检查中发现的问题要求立即整改到位，不能立即整改的问题必须落实到责任人，并督促限时整改。在滑模施工的 150 天里，孙水在坚持深入建库现场与员工们共同奋战。对于年近 50 岁的孙水在来说，上下二三十米的马道就是一个现实考验。那段时间，孙水在膝盖劳损，他戴上了护膝，坚持爬上平台同员工们一起检查安全措施及滑模质量，爬下钢梯走上外吊架检查仓壁施工质量。他甚至对施工现场出现一个烟头、一个废弃饮水瓶这样的细节都不放过，钢筋绑扎密度和间距稍有偏差都要求立即调整。有一次，他在检查中发现滑模钢筋 30 多米没有按照规范绑扎就进行水泥倒浇，这样势必影响施工安全和质量。随后，他对施工队、监理单位和代建单位提出了严厉批评，并召开现场会，明确钢筋绑扎后经施工、监理现场负责人验收

孙水在（前排左一）参加厦门直属库干部员工军训拓展活动

合格，双方在质量验收记录本上签字后，才能转入倒浇水泥滑模施工。他推动建立的施工、监理质量验收交底现场会签制度，确保了项目施工安全和建设质量。

为确保工程建设在阳光下运行，孙水在带头签订了廉洁自律承诺书，作出"十六"公开承诺，身体力行为实现阳光工程、廉洁工程保驾护航。同时，他本着厉行节约的原则，努力将每一分钱都用在刀刃上。通过将钢栈桥变更为水泥栈桥，既节省了投资，又避免了投用后的维护困难；通过优化 MEC 方案，节约项目建设资金近1000万元；通过主动加强与厦门市政府及财税等部门的沟通，积极协调解决政策性搬迁 25% 近 1.3 亿元的税收问题，并争取到了财政专项补助 3.79 亿元用于新库建设，切实帮助企业在"二次创业"中能够轻装上阵，增强了企业的发展后劲。

在孙水在的带领下，厦门直属库搬迁安置重建各项工作得以有序推进。2019年3月，搬迁重建一期工程项目顺利通过竣工验收，并逐步交付使用。海沧港新库建筑面积4.2万平方米，建设了24座浅圆仓和4座集并仓，总仓容21万吨，配套建设了"三塔一楼"以及仓储、生活、办公楼等设施，配备了先进的机械化、自动化接卸中转系统和智能化的科技储粮技术。自此，厦门直属库实现了从"四无粮库"到"四有粮库"的华丽转身。建成后的海沧港新库成为福建省内沿海港口粮食进出口中转能力最强、设施设备最全、智能化程度最高、科技储粮技术最先进，集粮食储备和中转于一体的现代化新型粮库，标志着厦门直属库"二次创业"扬帆起航，进入了一个崭新的、跨越式的可持续发展阶段。

厦门市是经济特区，厦门直属库又地处交通便利的市区，每年利用各种关系打招呼想进入厦门直属库工作的情况不在少数，请客送礼的、上门拜访的、亲朋好友拜托的情况经常出现。对此，孙水在始终坚持党的组织工作制度和选人用人原则，严把直属库进人关，坚持通过公开招聘、内部竞选等方式择优录用员工。为了防止选人用人上的不正之风，他在福建分公司党委的领导下，坚持"德才兼备、绩效优先"的原则，实行集体讨论、民主决策，做到不看面子、不搞照顾、不怕得罪人，主要考察干部政治素质是否过硬、责任心是否较强、业务能力是否达标、工作作风是否务实，对专业不对口、不符合粮食管理专业要求的人员坚决不松口、不搞特殊。正是因为孙水在坚持原则、以身作则，不徇私情、秉公办事，在他的带领下，厦门直属库形成了行为规范、程序合法、监管到位、廉洁高效、制度健全的管理新局面。

孙水在（前排右二）带领厦门直属库干部员工拍摄庆祝新中国成立70周年专题宣传片

优秀的团队是企业提质增效的基石。工作中，孙水在十分注重加强团队建设，全力培养和造就政治可靠、素质过硬、纪律严明、作风优良的铁军队伍。2018年以来，只有30名干部员工的厦门直属库，先后有5人次在中储粮集团公司组织的技能比赛中获奖，4人次获得福建分公司技能比赛第一名，4人次获得中央企业、集团公司技术能手和优秀员工称号，为福建中储粮事业的发展培养和输送了一批政治可靠、业务精湛的管理人才。

"雄关漫道真如铁，而今迈步从头越。""在厦门中储粮的'二次创业'中，我将牢记中储粮人的神圣使命，发扬'爱拼才会赢'的福建中储粮'七匹狼'精神，不忘初心，继续前行，付出更多努力，尽到应尽的责任。"孙水在在厦门直属库搬迁安置重建工作动员会上的表态犹在耳畔。他是这样想的，也是这样做的。他就是这样一位勤耕耘在中储粮基层企业、永不停歇的"老黄牛", 用实际行动诠释了中储粮人"为国储粮、储粮报国"的拳拳之心!

（执笔：杨赞, 中储粮集团公司纪检监察组综合室副主任; 尹晓青, 中储粮福建分公司厦门直属库党支部副书记、副总经理。）

此文采写于 2021 年 8 月 18 日

平凡之中守初心

——记中储粮集团公司优秀共产党员、辽宁分公司
抚顺直属库保管员王贯军

　　1958 年 6 月 7 日，雷锋同志在日记中写道："如果你是一滴水，你是否滋润了一寸土地？如果你是一缕阳光，你是否照亮了一分黑暗？如果你是一粒粮食，你是否哺育了有用的生命？如果你是一颗最小的螺丝钉，你是否永远坚守在你生活的岗位上？"

　　抚顺是雷锋的第二故乡，也是雷锋精神的发祥地。在中央储备

粮抚顺直属库，一代代储粮人在"为国储粮、储粮报国"的崇高事业中将雷锋精神播种、传承。中储粮集团公司优秀共产党员、辽宁分公司抚顺直属库粮食保管员王贯军就是其中的典型代表。谈起王贯军，领导评价他工作努力，踏实肯干，让人放心；在同事眼中，他为人热情豪爽，不计名利，一忙起来就是拼命三郎；大家说他学历不高、年纪不轻、压力不小，但工作认真，从不服输，是大家心目中当之无愧的"冠军"。

王贯军从事粮食收储工作 39 年，始终以"宁流千滴汗，不坏一粒粮"的热爱与坚守，为雷锋精神作出最好的诠释，他以知责于心、担责于身、履责于行的实际行动，为坚守初心使命作出了生动的注脚。

王贯军在库区进行日常巡查

纸上得来终觉浅，绝知此事要躬行

一转眼到了2022年，王贯军投身粮食收储事业已有39个春秋。1983年，18岁的王贯军来到抚顺市新宾县平顶山粮库参加工作，从此与粮食结下了不解之缘。

2006年，抚顺直属库正式上收为中储粮集团公司直属库，从此王贯军光荣地成为一名中储粮人，一干就是16年。16年间，他干一行、爱一行，钻一行、精一行，在一个个平凡的岗位上，用实际行动诠释着中储粮人的忠诚担当。他先后从事过财务、购销、基建、安全、保管、监管等工作，无论岗位怎样变动，他都一如既往地热爱，凭着踏实勤恳的付出和努力，先后取得会计师、经济管理员、中级保管员等技术资格证。2015年，他从购销科结算员岗位被调整到了仓储管理科。为了尽快适应工作，王贯军积极学习保管业务知识，考取了粮油保管员中级证书，而这一年，他已经年逾五十。

就是凭着这样一种"活到老，学到老"的劲头和不服输的精神，他成为辽宁分公司的"岗位能手"，也成了名副其实的多面手，"自己是党的一块砖，哪里需要就往哪里搬"。粮食进出作业时，库区道路上、地磅旁、仓门外，总会有他的身影，或在叮嘱司机转弯慢点儿、开得稳点儿，或在拿着扫帚、铲子清理场地，或低着头仔细巡查作业现场，看哪里还有遗漏的粮粒，执着地让洒在库区的粮食颗粒归仓。当然，偶尔你也会听到他疾声大喊，那是他在提醒外来司机行走安全通道。日常工作时，他不是在仓内检查粮情，就是在仓外查找安全隐患，雨中登仓检查，雪后清理积雪，他把全部的激情和汗水都倾注在粮食收储工作中。不曾轰轰烈烈，也没有豪言壮语，只有一颗热爱的心和一份坚定不移的信念，诉说着一个中储粮人的春夏秋冬。

经过多年的用心钻研，王贯军练就了一双让人惊奇的"测水手"、一双敏感的"感温脚"。他手上抓起一把玉米，掂上那么一两下，就知道大概容重；赤着一双大脚踏在粮面上走几步，就能准确感知粮情，这样的绝活让年轻的同志们赞叹不已。其实，现代化粮仓早已布满了感温器，更是有着精准的测水仪，可他还是要倔强地教徒弟们学会脚踩粮面知温度、手抓粮粒测水分的土办法。问起缘由，他说："咱们这些精密仪器肯定是最精准的，但保管员和粮食不接触，哪来的感情？哪来的责任？老办法虽然土，但管用。我

王贯军在粮仓内察看粮情

们面对的是有生命的粮食，是有情感的粮食，是有价值的粮食，就像对待自己的孩子那样，要用心爱她、呵护她！"

最是初心见坚守，最是责任显担当

2013年，随着国家政策性粮食收购的开展，库外储粮的管理工作又成为抚顺直属库的一件大事。这项工作责任大、任务重，需要一个既懂仓储保管又会购销统计，既认真负责，更吃得了苦、耐得住寂寞的人，直属库领导第一时间想到了业务骨干王贯军，却又犯了难。彼时，王贯军父母年迈、儿子正在备战高考，到离家200多公里的法库县依牛堡乡驻库，他行吗？可当王贯军听到这项任务时，二话没说，背起行囊，辞别年迈的父母和正在备战高考的儿子，一走就是8年。

外储库点地处农村，条件艰苦，尤其是在冬季，东北地区本就天寒地冻，抚顺又处在辽宁最寒冷的地带，王贯军宿舍的窗户上、房檐上挂了一层又一层冰碴儿，室内温度常常达不到15摄氏度。在那个寒冷的小山村，当人们早早赶回家里享受温暖时，总是能看到一个身影，在浓墨一样的夜色中，顶着凛凛寒风，在粮仓中穿梭、在库区内巡弋，直到夜深了才回到屋中，搓搓手跺跺脚，生起冰冷的炉灶，等到屋里稍有些热气，才能躺下休息。

外储库点不仅生活条件艰苦，有时连最基本的喝水吃饭都成问题。在法库县驻库点，村里的饮用水源受水田农药影响较为严重。由于长期饮用受到污染的水，王贯军身上起了一片片的湿疹，头上也生了一片片的疮，为了方便涂药打理，他干脆剃了个光头。暑季闷热潮湿，没有热水器，只能用湿毛巾简单擦擦身体。即使是这样，

王贯军在外储库点驻库巡查

他依旧保持着对工作的热忱和对生活的乐观。

8年间，王贯军先后在法库、康平、清原、新宾及本溪等地负责临储玉米收购、粮食保管、驻库管理等工作，每一天的保管记录、每一次的粮温检测，他都仔细分析，一丝不苟。大到粮食收购、保管、安全生产、作业管理，小到搬风机、翻粮面、订票据、写记录、清卫生，他都亲力亲为。他总是说，"自己多走走多看看才能放心，咱们的粮食是国家的，出了问题都是大问题"。

2019年7月25日晚7时，抚顺地区突发强降雨，电闪雷鸣、暴雨如注，多棵树木被肆虐的大风连根拔起，储粮安全面临着来自疾风骤雨的严峻考验。险情就是命令，安全就是责任。平日的救灾演练，在这一刻真正派上了用场。王贯军顾不得打伞，顾不上穿雨衣，戴上安全帽一头扎进雨中，一面组织人员启动应急防汛，一面拉电闸、关门窗，扛起沙袋堵住粮门，数个步骤一气呵成。收整设备后，王贯军无暇换下湿透的衣服，马上进仓查漏点、看粮情，确认没有隐患之后才放下心来。事后有人问他："当时风力有八九级，雷雨交加又伴着冰雹，你不顾一切往外冲，一点不害怕吗？"他瓮声瓮气地说："大雨大风说到就到，哪有时间害怕，你反应慢点、动作慢点，出了问题就来不及了！"

　　驻库管理期间，他坚持每天蹚粮面检查粮情，一些仓房货位面积大、屋架低，检查粮情时每走一步都淹没到膝盖，还得弯着腰，就像行走在沙漠中一样，每天蹚下来至少四五里，大家劝他歇歇，他笑着说："我得用这个'温度计'试试粮食有没有发烧，蹚过了、试过了，晚上才能睡个安稳觉。"这便是王贯军的日常，每天与粮食相依相伴，与粮仓共话家常，日子过得充实又饱含辛苦。

王贯军认真填写驻库工作日志

8年的驻库生活，王贯军恪尽职守，完成了难以想象的工作量。经他组织收购管理的粮食多达 30 余万吨，从未出过半点差错。他更是在出库设备简陋的条件下，创造出月出库 1.5 万吨的辉煌战绩。8 年间，他自力更生，在外储库点耕地种菜，开火下厨，没有条件，想办法创造条件，把驻库点的生活安排得妥妥当当，从不向单位说一声苦、抱怨一声累。

一腔孤勇无所惧，挺直脊梁铸铁肩

谈起第一次在外储库点的收粮经历，王贯军记忆犹新。那是 2015 年，当时正值寒冬腊月，王贯军在顺利完成法库县依牛堡乡驻库任务后，立即奔赴清原县草市镇开展临储玉米收购工作。外储库点基础设施还不完善，供暖设施跟不上。东北的冬季，凛冽的寒风格外刺骨，夜里室外平均气温达到零下 30 摄氏度，宿舍内有时还不到 10 摄氏度，王贯军常常在睡梦中被冻醒，身上也起了一片片冻疮。晚上去厕所，他还得跑到 200 米以外，艰难辛苦可想而知！

当时来售粮的客户很多，大部分都是附近的农户，一辆辆三轮车、农用车在库门口排起了长队，他一面挨个沟通，维持现场秩序，一面扦样检验，忙得不可开交。当时外储库点扦样器时常"闹脾气"、出故障，扦样操作时，他需要爬上车取样，再进行检验，一天下来得爬上爬下几百次。有时遇到年纪较大、身体不好的送粮客户，他就主动帮着农户卸麻包，寒冬腊月，他的脸和手被冻得通红，常常顾不上喝水、上厕所。然而这些对他来说，还不是难事，最难的是如何坚持原则、把住粮食质量关。

寒冬时节王贯军的驻库宿舍外景

清原县草市镇地处吉林梅河和辽宁铁岭、清原的三角地带，人员复杂，有的人性格粗暴，时常没说几句话就要动手。同事回忆起那时的收购工作举步维艰，身在异乡去面对千家万户，王贯军始终严格执行国家收购标准，导致有很多粮食因为水分、杂质超标被拒收，即便是一次次、一遍遍对售粮人耐心解释，却总有人不理解。有一次，王贯军按照标准拒收不合格粮食时，对方竟亮出钢刀威胁他说："一个公家单位的事，也不是你家的事，你不要命了？"王贯军毅然答道："怕这个，我就不在这儿了。我告诉你，这是国家的粮食，谁也不能乱来！"

事后谈起此事，他说："面对钢刀说一点不怕是不可能的，但

王贯军仔细察看入库粮食情况

质量标准是底线，无论是谁也不能突破这道线。一想到这是国家的粮仓，我就有了底气，不能怕、更不用怕。国家粮食安全必须用生命去守护！"正是这样的硬脊梁、铁肩膀，支撑王贯军圆满完成了一次又一次的收储任务。

镜里流年两鬓霜，寸心自许尚如丹

已近退休年龄的王贯军，在与同事谈起这么多年的工作经历时，对如何进行粮食保管如数家珍，对取得的成绩一带而过。可每当谈及家人，这个东北汉子总会瞬间眼角噙泪……

6年前，正忙碌于外储库点的王贯军，接到家里打来的电话，电话中传来父亲病危的消息。当时外储库点正在开展临储粮食收购，接近 3 万吨的粮食，已经进入攻坚收尾阶段。一面是十万火急的政策性任务，一面是十指连心的父子亲情，到底如何取舍，让王贯军陷入了两难。最后，他还是咬着牙、狠下心、噙着热泪，认认真真完成了最后一笔业务，才匆匆回到阔别已久的老家。此时，王贯军的父亲已经处于弥留之际……5 天后，老父亲永远地离开了。年迈的母亲对他说："你爸爸走了，他不会怪你，因为他也为国家管了一辈子的粮食。他深知你的责任重大啊！"

虽然外储库点与老家相距不过百余里，可是由于岗位需要，一年到头王贯军也无法回到老家与年近百岁的老母亲相伴几日，即使春节期间也很少团聚。2020 年春节，年迈的母亲实在忍不住，拨通了他的电话："儿啊！今年春节咋又没回来！时间过得真快啊！一转眼，你 56 岁了，娘也 95 岁了。相距不过百八十里的路，一年到头也不见你回家来看看。娘真是想你啊！"

人们都说，夫妻的爱在于陪伴。可这些年，他与妻子总是聚少离多。有时，妻子也埋怨："这些年，我学会了修理电灯，学会了疏通下水道，学会了好多好多你在家时不用我干的活。儿子高考那年，你一走就是几个月，好不容易回来一趟，想和你聊聊孩子学习的事儿，可你说的都是什么收购玉米啊，又是什么烘干啊。你的心里，哪有这个家啊！"

王贯军的心里，其实是装着家的，只不过装的是为国储粮的大家，只能委屈了自己的小家。记得有一次，同事在驻库点与王贯军一起开展出库作业，路过他身边时，隐隐听见他在电话里问："你打完点滴没？吃饭没……不行啊，现在人少，忙不过来，走不开……"在同事的再三追问下才知道，他妻子生病已经有一段时间了，儿子又不在身边，妻子每天就自己到医院扎针，想让他休息过来陪陪。同事劝他请几天假回家照顾妻子，他无奈笑笑说："现在正是忙的时候，到处都需要人，库里人手也安排不开，我再休息，就更忙不过来了。"

不单单是对妻子，对儿子，王贯军心中也饱含歉意，他几乎缺席了儿子成长的每一个重要时刻。2002年儿子上幼儿园的时候，他在黑龙江收粮；2005年儿子上小学的时候，他在广西卖粮；2016年儿子上大学那天，他在清原县驻库监管。直到今天，儿子已经大学毕业了，还是很少见到他的身影。在儿子的心里，他的形象一直是背着行囊远去的背影！

正是出于对责任的担当、对事业的热爱，8年如一日的坚守，王贯军把百公里外的外储库点变成了"第二故乡"。他把最美的年

王贯军在党旗下庄严宣誓

华都奉献给了粮食收储工作，却缺席了儿子的高考，缺席了对父亲膝前尽孝的机会，缺席了对年迈老母亲的关怀陪伴，缺席了与妻子携手四季的风景……同事问他是不是也有遗憾，他说："遗憾肯定会有，但是再来一次，我还会这么选择。因为我是一名共产党员，困难时候我就得先站出来，让别人认得出来，我得无愧于共产党员的称号。"

平凡而又伟大，朴实而又坚定。王贯军用"舍小家、为大家"的储粮情怀，生动演绎了"大国粮仓"守护者的坚定信仰与执着追求。

再过一年，王贯军就要退休了。他说："39年前，我与粮食结缘。一生守粮人，一世储粮情。我一定站好最后一班岗，尽心、尽责、尽力守护好每一粒粮食，守护好心中那面鲜红的党旗。"

（执笔：郑春雨，中储粮辽宁分公司综合处干部；岳金洋，中储粮辽宁分公司抚顺直属库干部。）

此文采写于 2022 年 9 月 19 日

南国粮仓"一枝梅"

——记中储粮广东分公司揭阳直属库仓储保管科
原科长郑梅生

一头浓密竖起的短发、一张黝黑刚毅的脸、一件朴素简洁的上衣、一条卷起裤脚的西裤、一双老旧干净的皮鞋，这样一个短发竖立、方脸浓眉、面容消瘦的形象，如果再配上一撇八字胡，或许大家就会脱口而出："这不就是中年鲁迅嘛！"的确，初看上去，除了

多了一分抿嘴一笑时的憨厚，这人确实与鲁迅先生有几分形似。然而，熟悉他的人都会说，他与鲁迅先生更有几分神似："俯首甘为孺子牛！"这就是老郑，中储粮广东分公司揭阳直属库仓储保管科科长郑梅生，大家都称他为"南国粮仓'一枝梅'"！

说起老郑，有人说他"不近人情"，眼里容不得半粒沙子。在完成工作任务上，如果你想过得去就

郑梅生侧脸肖像素描

行、差不多就好，到他那里肯定要被"返工"，还要外加一顿"教育"；有人说他"双重性格"，平时不苟言笑，但只要一谈到粮食，就会滔滔不绝、如数家珍，那眉飞色舞的神情与平时刻板严肃的他简直判若两人；有人说他像一名"小学生"，遇到弄不懂的问题他就会缠着问这问那，会有"打破砂锅问到底"的习惯。但不论从哪个角度评价他，人们都会由衷地竖起大拇指！

他就是这样一个只有"一根筋"的人，投身粮食事业37年，始终如一、无怨无悔，默默坚守着这份初心。从粮库初建到发展、壮大，从库本部到外储点，从综合科、拓展部再到仓储保管科，"哪里需要就往哪里投"。他在平凡的工作岗位绽放出不平凡的光彩，

郑梅生获得的荣誉证书

3次被评为广州分公司优秀共产党员、5次被评为广州分公司先进工作者、1次被评为广州分公司党员示范岗，多次年度考核被评定为优秀等级。

爱粮——不忘初心

1960年是我国遭受严重自然灾害的年份，粮食产量大幅下降，口粮供应不足，甚至出现全国性粮荒，老郑正是出生在这"大饥荒"的一年。1978年，高中毕业的他在当地乡镇企业办工作，出于对粮食的感情与热爱，1981年他主动申请到当地粮管所，然后又到粮食局。1998年起，他全程参与了中央粮库的筹备及建设，建成后进入中储粮系统至今，一直在揭阳直属库工作。他曾在多个岗位任职，在仓储保管科负责人这个职位上一干就是15年。在粮库，初次接触他的人都会觉得他"不可理喻"：

粮食出入库作业时，库区道路上、地磅边、库门口，会经常看到他的身影，或在叮嘱司机转弯慢点、开得稳点，别把粮食撒出来；或在拿着扫帚、铲子清理地上撒落的粮食；或在时而低头、时而四处张望地来回走动，看哪里还有漏粮。

有一次出稻谷，车辆已经过磅了，在驶出库区后转弯急了点，撒出一摊谷子，司机没停下开着车走了。老郑当时在地磅室边上看到这一幕，立马就冲了出去追司机，把车叫停，跟司机说了一通，司机还是没有下车直接开车走了。老郑匆匆忙忙跑回来，拿起扫把和铲子又跑出去清理，当时下着细雨，雨伞都没来得及撑。事后，同事们开玩笑说："老郑，车都过磅了，粮食是客户的，你紧张啥？"他当时说了句："你们不懂！"

郑梅生（前）在打扫出入库现场

　　还有一件事情也让人记忆犹新，当时红东外储点放了8万多吨粮食，有6万多吨玉米都是贸易粮，其中5号仓玉米已经签了销售合同并在出库中。相对储备粮来说，贸易粮的水分普遍偏高，出库前检查粮情时发现有一些发热点。当时临近春节，大家都想冬季气温不高，而且粮食正在出库，就没有太在意。不想刚过几天就出现大面积发热，站在仓门口都能感觉到热浪外溢，大家都蒙了，真不知道该如何处理。老郑来到现场后，脱掉鞋袜、卷起裤管，带着同事们踩粮面、查粮情，并详细翻看5号仓的台账，制订通风方案，当天装风机、排积热、翻粮面，一直干到凌晨三四点；从年二十七到除夕，经过近4天的持续处理，终于把粮情稳定了下来。除夕夜现场总结会上，老郑语重心长地说："要是粮食出了什么问题，那我们就是在犯罪！"

　　在闲聊时，老郑满怀深情地说："作为农民的儿子，小时候经历过饥荒，在成长过程中的所见、所闻，足以影响自己的一生。粮食就像自己的身体发肤，不容半点损伤！"或许就是这份从小根植在他心底的情结，孕育出他对粮食的独特钟爱；因为他对粮食发自内心的珍爱，鞭策他坚守着这份初心。

钻研——办法总比困难多

　　早在2006年的粤东片会上，老郑在会上作了题为《谷物冷却机对玉米准低温保粮及保水降耗的研究》的经验汇报，介绍了他主持开发的玉米谷物冷控温储藏技术。这项技术应用取得了明显成效，既增强了玉米在保管期间内的稳定性，又减少了玉米在保管期间内的水分流失，实现了玉米储存的增效低耗，为南方高温、高湿气候

郑梅生（右二）和同事在察看粮情

环境中玉米储藏特别是安全度夏探索出一条新路。这种保粮手段在广州分公司辖区迅速得到了推广应用。

库里曾招聘过几个粮食学院的应届毕业大学生到库里当保管员，老郑给大家做岗前培训，粮食保管知识和经验一套又一套，当场就把这几个科班出身的"高材生"给镇住了，大家都以为老郑是粮食学院毕业的老前辈。事后才知道，他根本就不是粮食专业毕业的"科班生"，相关的粮食保管知识和经验都是他在实践中积累的。

爱学习、肯钻研，这是老郑身上最显眼的"标签"。他说："要把粮食管好，必须知识支撑、科技先行、因地制宜。"为了提高储粮专业水平，2002 年至 2004 年，他读完了中山大学相关专业课程，并取得了函授大专文凭；为了能熟练掌握粮食储藏理论知识，他系统学习了涉及粮食储藏的各项技术、规程；为了能拓宽视野、增长见识，他还广泛阅读了国内外的一些粮食期刊，及时了解储粮先进方法和科技手段。翻看他学习过的专业书，上面都是满页满页的圈圈点点，他还有一整本一整本的学习笔记。老郑不但学习能力强，还很善于学以致用、贯通创新。他相继开发了谷物冷却机控温保水技术、包装粮大方堆地上笼 +PVC 管立体通风网控温技术、保温被 + 固定小空调综合控温技术、保温被 + 移动式小空调综合控温技术等；他还针对高大平房仓、罩棚仓、工业厂房等各种储粮条件，持续开展储存品质跟踪监控和变化规律的研究，根据不同品种、不同仓房、不同储粮环境总结了有所区别、更具针对性的保管方法。他主持开展的课题研究讲究实效、注重成本、兼顾环保，具备操作方便、环保节能、成本低廉、效果明显的特点，相关的控温储粮方法被广州分公司辖区各兄弟库借鉴应用。其中，2009 年开展的移动式小空调 + 保温被控温储粮实验荣获广州分公司仓储科技应用技术二等奖，2011 年开发的新型保温被在控温储粮中的应用技术荣获广州分公司仓储科技创新成果技术应用三等奖。他总结撰写的《新型保温被在控温储粮中的应用》，被中国粮油学会储藏分会的《2011 年绿色储粮与节能减排的应用试验报告》收录。

担当——不求有位，只图有为

聊起担当，老郑说了这样一句话："我只是做好了一名共产党员、一名中储粮人应该做的事。"说起入党，老郑情不自禁地流露出一点小得意。他是 1985 年入的党。他说："当时入党可不容易了，

郑梅生（左）在检查仓储管理情况

那时满腔热血的优秀年轻人很多，名额十分有限，相关政审考察都是公社党委专门委派一名党委委员亲自把关的，一个考察组到村里、到单位找了很多人了解情况，特别严格，我的入党介绍人可是当时公社的党委书记和副书记。说实话，宣誓那天我确实感觉挺骄傲、挺自豪的。"

老郑家住在普宁，离粮库有近 50 公里的路程。自从进入粮库工作至今，他近 20 年如一日以库为家。平时住在库区的他，每天早晚六七点都是在巡查粮库，风雨无阻、寒暑不变。当他被问起是如何坚持下来的，他开玩笑说："粮仓就是我的'花果山'，粮食都是我的'孩儿们'！"2011 年，广州分公司实施区域一体化改革，揭阳板块辖揭阳、汕头、潮州 3 个库区，分属 3 个市，点多线长面

郑梅生（左一）在粮仓内与同事商量工作

广。也正从这一年开始，为了落实跨省移库任务，揭阳直属库的储备规模持续实现了"5连跳"：2012年20.98万吨、2013年40.03万吨、2014年50.59万吨、2015年53.55万吨、2016年57.39万吨。随着储备规模连连增长，直属库的工作量和管理压力也不断增加，仓储科更是首先扛起这份责任。2013年，是广州分公司落实集团公司跨省移库任务最重的一年，辖区各库都难以腾出足够仓容落实接收任务。为了解决这一"燃眉之急"，揭阳直属库主动请缨接下重任，老郑和同事们连续15天早出晚归、马不停蹄走遍揭阳、汕头、潮州三市物色、考察合适仓房，先后落实了揭阳宏和、东山、玉滘，汕头德兴、站前、龙腾，潮州市粮食总公司仓库7个外储库点，为8.5万吨跨省移库粮食找到了"安身之所"；也是在那一年5月，老郑连妻子因病重到广州做手术都无暇顾及。

事后有人问老郑："你分管的粮食储备规模在广州分公司辖区应该是最大的，你也一把年纪了，想在职务上晋升也没有什么机会了，工资也不见涨，值得吗？"他这样回答："分公司找到揭阳板块，是相信我们；同样，库领导把这个任务交给我，也是相信我。能不做好吗？我根本就没有想过值不值这个问题，真说要图什么，我不求有位，只图有为。"确实，这些年来，揭阳直属库粮食储备总量超过400万吨，没有发生过坏粮事故，而且近年粮食出库损耗比中储粮集团公司和广州分公司下达的考核指标都低。这样的成绩，对高温高湿的南方销区来说，实属艰辛和不易，如果没有这种"担当"，又怎能取得？

传承——涓涓细流汇成江河

56岁的老郑是一位名副其实的"老师"：他的学生和徒弟中，有在同单位的，有在分公司本部的，还有被调往兄弟库的；有在粮食仓储行业打并过的，有"半路出家"学仓储保管的，还有科班出身的；有已经走上领导岗位的，有担任业务骨干的，还有刚毕业的大学生。"管仓储、做保管，老郑有一套，而且能让你不得不服""遇到难题的老郑最有范，他总是能冷静地思考，准确地找到突破口，化难为易、化繁为简，帮你勾勒出一张逐步解决问题的路线图""他不会跟你讲太多大道理，刚开始没做好没关系，他会手把手教你，再没做好，那你就要做好挨批的准备了""我最怕老郑了，不论是包仓制考评、业绩考核，还是每月的安全生产全员责任制检查，我总是担心哪里没做好"……这些都是老郑的学生、徒弟们经常提到的。

老郑却说："我哪里配当他们的'老师'，不过是坚持做到了两点：一是以身作则，二是不偏不倚。"就凭他始终坚守的这两点，他早已成为当之无愧的"老师"。他不仅是业务知识上的"老师"，更是"为人处事"上的"老师"。投身粮食行业几十年的老郑，没有亲戚朋友是做粮食贸易或与粮库有业务往来的，没有亲属在粮库工作的，历年多任分管领导没有一个不对他表示钦佩的。如今，揭阳直属库仓储队伍49人，粮食保管相关专业毕业的只有11人。但经过近年来持续学习培训，目前取得高级职称或技师职业资格的有7人，初级或中级技师职业资格的有25人，全部实现持证上岗。这一支队伍，年龄结构、知识结构、梯队结构日趋合理，就像涓涓细流汇成江河；这一支队伍，学习能力、创新能力、独当一面的能力

郑梅生（后排左四）与学生、徒弟合影

郑梅生站在粮库门前深情地凝望库区

日益显现，就像一片日益繁盛的树林。培养和造就这样一支队伍，没有老郑这名普通的"老师"传帮带根本不可能！

　　"俏也不争春，只把春来报，待到山花烂漫时，她在丛中笑。"这正是老郑几十年职业生涯的真实写照。

（执笔：吴德汉，中储粮广东分公司揭阳直属库副总经理。）

此文采写于 2018 年 10 月 16 日

湖州粮库追梦人

——记中储粮浙江分公司湖州直属库轮换购销科副科长章波

　　一头短发、个子不高，皮肤黝黑、走路带风，语速明快、铿锵有力，他就是章波，中储粮浙江分公司湖州直属库轮换购销科副科长，一名退伍不退志、退役不褪色的新时代中储粮人。

　　章波1996年12月入伍，在西藏军区服役；2001年进入中储粮企业工作，从戍边老兵到守粮新兵、从仓储科到轮换购销科、从普通员工到副科长，他以雷厉风行、执行有力的作风，在平凡的工作岗位上默默奉献、持续坚守，用撸袖实干诠释着忠诚，用责任担当守护着初心。章波先后 6 次被评为湖州直属库优秀员工，2 次荣获浙江分公司优秀共产党员称号，1 次被湖州市直属机关工委授予优秀共产党员称号，2018 年被评为浙江分公司优秀员工。

从"戍边老兵"到"守粮新兵"

作为粮食战线上的一名新兵，没有经过专业学校的学习，这是先天不足。但章波硬是凭着军人的韧劲，经过自身努力，完成了南京财经大学粮油储检专业教学班和浙江省粮干校保管等专业知识的学习，取得了大专文凭。他先后参与了现代控温气调储粮扩大运用试验，高大平房仓大米准低温安全储存技术探讨试验，"十三五"国家重点研发计划项目"华东优质晚籼稻控温储粮工业

章波在检测稻谷出糙率

优化与示范"等试验。

高大平房仓偏高水分晚粳谷如何安全度夏，是湖州直属库安全保粮的一项重要课题。储粮入仓和有关保粮人员一起抓时机通风均温降水，采用通风笼等辅助设施消除通风死角；度夏期间隔热保冷空调控温；谷物冷却降温降水，同时注意"热皮"松动散湿；根据高水分粮度夏规律每天勤观察分析粮情变化情况，及时采取深翻粮堆等措施，消除粮堆由于"热皮"水分转移等出现的复杂情况，避免出现储粮湿热扩散而坏粮的情况，实现偏高水分粮安全度夏、品质良好。章波总结撰写的《高水分晚粳稻降水控温安全度夏试验报告》，为高大平房仓通风降水控温度夏安全储藏探索出一条实用可行途径，也为中央储备粮安全储藏水分标准及操作规范研究提供了重要的实践依据。

守好属于自己的"哨所"

中储粮的职责使命就是守住管好"大国粮仓"。心有所属，行有所向。章波深知质量管理是第一要务，是生命线。质量管理容不得半点马虎和松懈。为了把质量管理落到实处，他利用空余时间在检验室学习，进行检验比对，和同事们一起探讨，翻阅相关资料，尽可能多地了解掌握粮油检验相关专业知识，在学中干、在干中学，掌握真本领、练就真功夫。

不管酷暑还是寒冬，对每一车、每一船粮食，他都专心细致、不厌其烦地抽检，一年下来数千车船，工作量无疑是巨大的、也是枯燥的，但他毫无怨言、始终坚守自己的"哨所"。从他分管质量至今，从未出过一点差错，多次得到分公司质检中心主任的

章波（右）在进行害虫筛查

肯定。近年来，湖州直属库多次经受住了国家粮食和物资储备局、集团公司组织的粮食数量、质量抽检的考验，高质量地实现了"两个确保"。

"现场就是战场、指令就是命令"

有同事问章波，调运岗位早出晚归，是否感到辛苦。章波这样回答："现场就是战场、指令就是命令"。部队的磨炼和历练让他能够吃苦耐劳，"5+2""白加黑"，加班加点已成常态，他常常干得不知疲惫。最先到单位的是他，最迟离开单位的往往也是他。

湖州直属库轮换作业量大，全年进出量达 16 万吨，常年作业天数在 300 天以上，只要有粮食进出就能看到章波忙碌在作业现场的身影。他精准安排装粮卸车作业线、认真落实开工前安全告知、合理调度运输车辆船只，各项工作井井有条、忙而不乱。2017年末进口大豆、进口小麦出库及轮换购销粮食入库，公司码头港口停泊的大小船只最多时达24条，2个月时间进出总量近6万吨。面对如此重任，他始终身在现场、坚持干在一线，发挥党员先锋模范作用，带领身边同事一起拼搏、一起奋斗，平安圆满完成工作任务。别人问他为何能坚守如一、初心不改，他笑着说："是部队磨炼了我的意志，给了我不向困难低头的执着精神。"他还是个善于观察、注重思考的人。以前，粮食入库损耗较大，为了确保入库粮食数量准确，他积极向公司建议采取"集中处理、净粮过磅"的作业方式，根据不同品种、不同杂质的粮源，采取分类过筛措施，减少过筛等环节的损耗。几年来，粮食出库损耗明显降低，从

章波在作业现场查看粮食品质

前些年的 1% 降至 2018 年的 0.55%。

"既饱含真情，又不徇私情"

把关粮食数量、质量，他十几年如一日，保持一颗真心，真情真意为客户提供优质服务。多年来，湖州直属库的调运工作以"效率高、服务好、全透明"得到客户一致夸奖和好评。江苏农垦的老施，到了直属库就说："我常年在外面发货，到湖州直属库提货最省心，最快捷。"浙江恒天的陈经理也常常说："小章，在你这儿提货我最放心，啥时发货、啥时到港我都能准确掌握，也无须费心数量质量问题。"

但是，在工作中他也有"不近人情"的一面，始终牢记"亲清"二字。2017 年某一天，他抽检一艘晚籼稻散粮船，当抽检至船底

章波（左）在仔细检查入仓粮食品质

20 至 30 厘米处他发现不对劲，通过检验发现有以次充好现象，客户从为难到百般说情，一个劲请求通融一下："只此一次，下不为例。"但是，他铁面无私、不为所动，当即向直属库领导汇报有关情况和秉公处置建议，断了客户自认为沟通一下就可以蒙混过关的念头。有时客户跑到直属库领导那里去"告状"，说他太较真，不徇私情，六亲不认。正是有他这样坚持原则的粮库卫士，擦亮了中储粮的金字招牌，他的行为成为建设廉洁粮仓的生动实践。

一名党员一面旗。章波始终旗帜鲜明讲政治、顾大局，听党话、跟党走，退伍不褪色，为国储粮志更高。这就是西藏老兵精神在章波身上的生动写照，更是新时代奔跑追梦的中储粮铁军的特有气质。

（执笔：殷杰，中储粮浙江分公司综合处处长。）

此文采写于 2019 年 3 月 22 日

风雨过后是晴天

——记中储粮安徽分公司亳州直属库优秀共产党员，
仓储保管科党支部纪检委员、保管组组长、
监督小组成员崔燕

崔燕扎根粮食保管一线 20 余年，始终保持共产党员的本色，用心用情践行着习近平总书记关于粮食安全的重要指示批示精神，严寒酷暑不懈怠，顶住厄运勇前行，在守护"大国粮仓"的画卷里书写着不平凡的人生……

用心守护，只为"粮"安

在大多数人眼里，粮食保管工作较为简单和清闲。其实不然，只有亲身实践者，方知辛苦与不易！对此，作为粮食保管员的崔燕感受最深。

安徽省亳州市盛产小麦，粮食收购期间正值夏日炎炎。当一辆辆满载小麦的卡车进入库区后，平日静寂的库区一下子就热闹起来了，这也是每年粮库最忙碌的季节。每天天还未大亮，崔燕就早早来到了自己值守的仓房门口，紧张而有序地做着收购前的各项准备工作。随着机器轰鸣声响起，在工人们的操作下，一粒粒金灿灿的小麦从卡车经输送机、振动筛奔入仓房。大家有说有笑，收获的喜悦写满每个人的脸。此时，收购现场也顿时尘杂飞扬，站在一旁的崔燕眼睛始终不离作业工人和输送带上的粮食，及时提醒大家规范作业，不时伸手抓起一把小麦仔细查看。汗水早已浸湿了她略显发白的工作服，而黝黑的脸庞却显得更加光亮……

"听党话、管好粮、不出事、效益好"，是新时代中储粮工作"四个坚持"新要求在基层企业的生动体现，也是崔燕始终铭记在心的职责使命。亳州直属库一栋仓房储粮 5000 多吨，价值 1500万元以上。这样的仓房，她一个人就负责了 4 栋。在日常保管工作中，她深知责任重大，不敢有丝毫懈怠，严格落实储粮管理各项制度，坚持做到仓储管理"五个一"：每天仓房四周转一转，掌握总体情况；粮情定期查一查，做实储粮安全管理；仓内外卫生扫一扫，保持良好环境；基本情况记一记，注重归纳总结；每天工作想一想，有序做好安排。与粮食朝夕相处 20 余年，她把全部精力都投入到

崔燕在库区粮食收购现场巡查

干好本职工作中，早已熟知粮食的特性，粮情检查一丝不苟，通风散气精准有效，用实际行动在平凡的岗位上践行着中储粮人的初心使命。

用崔燕的话说，"认真"是她做好每项工作的法宝。为了消除方言的影响，让自己的口语表达更加标准，她经常挤出时间练习发音。各级检查组来库检查，她的"一口清"汇报字正腔圆、铿锵有力，总能得到上级领导的肯定，大家都夸她是保管员中的"主播"。中储粮集团公司第五届公众开放日亳州站的活动现场，崔燕作为仓储板块解说人，在镜头前面带微笑，娓娓道来，为全国网友介绍粮食保管知识、储粮新技术，传递了中储粮人的好声音。

世间最难的事是坚持。正因为崔艳20余年如一日的默默付出、甘于奉献，她的二作也得到组织的褒奖和同事的肯定。2022年9

崔燕在其所负责的党员示范仓内

月，安徽分公司辖区党建工作现场推进会在亳州直属库召开，与会代表集体参观了她所保管的党员示范仓，仓内粮面干净平整，工具摆放规范，储粮记录齐全，获得了代表们的一致赞许。自参加工作以来，她累计保管的 30 多万吨粮食无坏粮、零事故，也多次获得"优秀共产党员""优秀员工""收购工作先进个人"等荣誉称号。

女子本弱，为"母"则强

身为人母的崔燕，也把粮食看作自己的"孩子"，不仅悉心呵护，为它们创造最好的居住环境，还在风雨来临时不顾一切守护粮食的安全，更要在国家急需时尽职尽责完成使命。

当得知库里要提升绿色储粮水平，推广应用二氧化碳气调储粮杀虫技术时，每名保管员面对从未接触过的新技术都心存忐忑。然而，崔燕却异常兴奋，第一个站出来接下了试点任务。为确保此项工作顺利完成，她边学习、边摸索，不怕苦、不怕累，顶着夏日酷暑进行室外气密性改造。当天晚上，她又主动留守，不停巡查送气状况。第二天同事们上班后，发现她还坚守在岗位，惊奇地问："怎么还在看着，你不需要休息吗？"她笑笑说："我在学习新技术新知识，精神得很，哪里还能想起来休息！"

收购旺季，天气变化异常。每当遇到突发状况，崔燕总是冲锋在前，能够娴熟地运用所学知识和掌握的技能果断处置。一天傍晚，

崔燕在疫情期间坚守出库作业一线

她照例让同事们先走，自己则看着最后一车粮食全部入库，忽然天空响起一声惊雷，顿时狂风骤起，瓢泼大雨倾盆而下，瞬间天地间一片模糊。就在此刻，崔燕顾不上穿雨衣、戴安全帽就一头扎进雨中，一面拉电闸、关门窗、封通风道，一面组织工人清查现场、苫盖机械、清理排水孔。处理完入库现场后，她又立即进仓检查有无漏点，浑然不觉衣服早已湿透。

2020 年初，新冠肺炎疫情席卷全国，到处都在实行静态化管理。崔燕主动请缨，吃住在库区，坚持每天做好粮情的检查和工作记录。受疫情影响，亳州市各大面粉企业面临无粮加工的紧张局面。在接到中储粮安徽分公司和亳州直属库保供稳市的指令后，她带领班组同事连续奋战 6 天，出色完成 5600 多吨小麦出库任务，及时缓解了用粮企业的燃眉之急，有效发挥了保供稳链"顶梁柱"作用。五得利面粉公司送来锦旗，专门感谢中储粮亳州直属库在保供稳市工作中作出的突出贡献。

"燃烧"自己，照亮他人

在同事们眼中，崔燕为人乐观，工作负责，尤其爱管"闲事"，舍得为别人的事花时间、花精力。也正因如此，"知心大姐""研究生导师""尽职监督员"等各种称号随之而来，她也正是以这种方式积极影响和带动着身边的人。

无论哪位同事找她帮忙，只要自己手头没有紧急工作，崔燕都会及时伸出援手。有一次，当注意到一位保管员因月度考核落后而闷闷不乐时，崔燕主动去谈心，陪其进仓，帮助他找出工作中存在的问题，手把手教他改进方法，直到这名保管员在后来的

崔燕（左）对年轻同事进行传帮带

考核中取得了好成绩。当发现有同事因家中变故心情低落时，她就用自己的事例，鼓励并陪伴他走出低谷，走向光明。当听到有同事抱怨工作劳累辛苦、枯燥乏味时，她会耐心地加以引导："填写仓储日志、打扫责任区卫生是仓储最基础的工作，就如同我们的穿衣吃饭。虽平常但重要，虽繁重但好处多，在做好本职工作的同时还锻炼了身体啊！"正是因为有这种积极乐观的态度，崔燕把平凡的工作做得有滋有味，也让大家都开始从日常储粮管理中找到了工作乐趣，努力在工作中提升自己。不知不觉，她已然成了大家心中的"知心大姐"。

　　作为仓储保管的业务骨干，她不仅高标准完成本职工作，还充分发挥党员先锋模范带头作用，主动提出以老带新，为亳州直属库培养好年轻人；把中储粮人的使命和责任，通过她手里的接力棒一代一代传承下去。对刚入职的研究生，她带头发扬传帮带精神，把自己的保粮经验倾囊相授，手把手教、实打实带，帮助青年员工成长进步。她对青年员工说得最多的一句话就是："宁流千滴汗，不坏一粒粮！"同事们都打趣地说："崔燕，你这水平太高了，都成'研究生导师'了！"

一直以来，崔燕总是公道办事，讲真话、讲实话，始终保持共产党员的先进本色。她以身作则、克己奉公，时刻以一名共产党员的标准严格要求自己。2022年，她被增选为直属库监督小组成员

崔燕（右）开展日常监督工作

后，以"笨鸟先飞"的态度，认真学习党章党规党纪，积极参加集团公司纪检监察组组织的纪检监察和巡视巡察干部学习交流会，努力提高监督能力和水平。在日常监督工作中，她经常挤出时间与同事们交心谈话，宣传党的纪律规定，讲当下全面从严治党面临的形势，加强党员日常廉洁教育，发现苗头性、倾向性问题及时提醒纠正。对所负责监督的租仓库点，崔燕认真开展日常监督检查，同时发挥个人特长，对库点账卡簿填写、仓储日常管理等方面工作提出意见和建议。大家都说，崔燕这个监督员不简单，不仅教会我们制度要求，还帮助我们纠正错误习惯。

作为仓储管理科党支部的纪检委员，崔燕始终把理论学习摆在首要位置，在个人自学的同时，还协助督促党支部书记组织全体党员一起学习研讨。她坚持落实工作不过夜、完成任务不逾期、保障质量不打折，做好主题党日活动、党员发展、党费收缴、档案管理等一项一项琐碎的工作，在平凡中成就不平凡的人生。

抗争厄运，又见"晴天"

2020年，崔燕的丈夫遭遇意外事故不幸离世，让原本幸福的家庭瞬间失去了顶梁柱。这场突如其来的灾难，带来的不仅仅是悲痛，更是一副沉甸甸的担子，养育一双儿女，赡养双方老人……

斯人已去，生者已矣。"崔燕同志，节哀顺变，组织会给你帮助的！""妈妈，不要难过，爸爸希望我们会过得好起来！"组织上的关怀和儿女们安慰的话语，让崔燕逐渐从悲痛中慢慢走了出来。在家庭里，她用那柔弱的肩膀为儿女们撑起了一片天，是家人眼中的"大树"；在工作中，她奋勇争先，脏活累活抢着干，是领导同事们心中的楷模。

2022年2月，集团公司纪检监察组组长、党组成员欧召大到亳州直属库调研指导期间，听闻其感人事迹，代表集团公司党组和纪检监察组向崔燕表示了慰问，并寄语"崔燕同志要克服困难，渡过难关，风雨过后是晴天"。

中储粮集团公司纪检监察组组长、党组成员欧召大（左一）寄语崔燕（右二）"要克服困难，渡过难关，风雨过后是晴天"

宝剑锋从磨砺出，梅花香自苦寒来。在集团公司、安徽分公司和亳州直属库三级党组织关心、支持和帮助下，崔燕始终怀着一颗感恩的心，勇敢地迎接命运的挑战，不向厄运低头，自信自强，勇毅前行。

为尽快让家人走出悲伤，她经常带孩子们去陪伴公公婆婆，大家一起做饭、看电视、逛街；有时候还让孩子们和爷爷奶奶比赛包饺子，通过亲情陪伴，让全家从悲痛的氛围中慢慢走出来。在工作中，她加倍努力、认真工作，她所负责保管的 4 个仓，1 个被评为党员示范仓，1 个是免熏蒸仓房，还有 1 个是亳州直属库第一个应用二氧化碳气调杀虫的仓房。被直属库党组织任命为仓储管理科保管组组长后，崔燕在工作上更加谦虚谨慎、尽职尽责，把分仓保管账、粮情检查记录簿、技术应用作业簿等仓储资料记录得整整齐齐、清清楚楚、一目了然。

随着增储建仓项目如火如荼地展开，亳州直属库近几年储粮规模也不断增加，储备粮轮换购销时间紧、任务重、要求严，崔燕始终坚守在出入库作业一线，总会比同事们早到一会儿，晚走一步。收购期间，她每天早上不到 5 点就起床，为还在睡梦中的孩子们做好早餐，留下满是叮嘱的字条，一个人静悄悄骑上电动车赶往单位；晚上下班拖着疲惫的身子回到家中，看着熟睡中的孩子，吃着锅里留着的剩饭……对于生活的艰辛和工作的劳累，崔燕从无怨言。她对两个孩子经常念叨的一句话就是："党和国家给予了我们幸福生活，组织上给了我们真心关爱和帮助，你们要懂得感恩，努力学习，成为有用的人，为社会作贡献！"孩子们听得认真，也很争气。2022 年，女儿初三毕业后考上了心仪的学校，就读小学六年级的儿子学习成绩在班内一直名列前茅。这一年，在崔燕的带领下，亳州直属库仓储保管组顺利完成了近 5 万吨粮食轮换出入库任务，所收储保管的粮食数量真实、质量良好。还是在这一年，崔燕光荣地当选为中共中储粮安徽分公司第二次代表大会党员代表。

有道是"苦心人，天不负！"崔燕虽历经磨难，却始终不改初衷，负重前行，终于迎来了"风雨过后是晴天"的美好！面对新征程新任务，崔燕表示，要继续保持顽强的意志品质，不忘初心、牢记使命，不畏困难、不惧风雨，好好工作争先锋，好好生活做大树！

（执笔：徐付龙，中储粮安徽分公司纪检监察处干部；刘乐杰，中储粮安徽分公司亳州直属库干部。）

此文采写于 2023 年 3 月 23 日

图书在版编目（CIP）数据

中储粮勤廉风采录 /《中储粮勤廉风采录》编写组编写. —北京：中国方正出版社，2023.9

ISBN 978-7-5174-1254-0

Ⅰ. ①中… Ⅱ. ①中… Ⅲ. ①粮食储备—国有企业—企业集团—廉政建设—中国—学习参考资料 Ⅳ. ① F279.241 ② D630.9

中国国家版本馆 CIP 数据核字（2023）第 193778 号

中储粮勤廉风采录

ZHONGCHULIANG QINLIAN FENGCAILU

本书编写组　**编写**

责任编辑： 王旭婷

责任校对： 周志娟

责任印制： 李惠君

出版发行	中国方正出版社
	（北京市西城区广安门南街甲 2 号　邮编：100053）
	编辑部:（010）59594956　发行部:（010）66560936
	印制部:（010）59594625　门市部:（010）66562733
	邮购部:（010）66560933
	网　　址:www.fangzheng.com.cn
经　销	新华书店
印　刷	保定市中画美凯印刷有限公司

开　本	787 毫米 ×1092 毫米　1/16
印　张	18
字　数	202 千字
版　次	2023 年 11 月第 1 版　2023 年 11 月第 1 次印刷

（版权所有　侵权必究）

ISBN 978-7-5174-1254-0　　　　　　　　　　　　　　定价：59.00 元